# ラグジュアリー・ホスピタリティ

## これからの日本を変える
## 高付加価値観光

徳江 順一郎 編著
Tokue Jun-ichiro

同文舘出版

# はじめに

　インバウンドの増加にともなって，オーバーツーリズムによる弊害が多々見受けられるようになってきた。海外からの観光客が殺到したために，市民の足であるはずのバスに乗れないという住民からの苦情や，新幹線の中でトラブルが生じた話がSNSを賑わせている。

　政府は外国人来訪者数に関して数値目標を掲げているが，2020（令和2）年からの新型コロナウィルスの蔓延がなければ，早々に達成していたかもしれない。しかし，どれだけ海外から来訪者が訪れても，お金を落としてくれないことには意味がない。少しでも多くの金額を消費してもらうためには，「量」だけでなく「質」の観点も必要となる。

　こうした前提のもと，最近は「高付加価値観光」というキーワードを耳にするようになった。それを実現するためにさまざまな政策・施策がなされている。宿泊施設に関していえば，2031年までに全国35か所の国立公園すべてに高級リゾートホテルを誘致する事業を実施する方針が打ち出されている。

　このような流れを受けて，地方自治体でも同様の動きがみられるようになっている。愛知県と名古屋市は連携して，「高級ホテル立地促進補助金」の制度を設け，ハイレベルな国際会議の開催や海外の富裕層の誘致を目指している。客室の平均面積が45㎡以上で，150室以上の客室が必要とされ，全客室の5%以上をスイートルームとし，その中には概ね100㎡以上の客室も用意する必要がある。他にも宴会場や車寄せの広さに関する規定やレストラン，バー・ラウンジ，スパ・フィットネスの設置などが決められているが，興味深いのはバレーパーキングやコンシェルジュといったソフト面でのきめ細やかな対応も求めている点である。

　ところでわが国には，1860年代にホテルが誕生してから，長い歴史を重ねてきた伝統あるホテル企業がいくつも存在する。こうした企業が運営する施設には，その地域を代表する「迎賓館」のような扱いをされてきたホテルも少なくない。しかし，ここ最近の「高級ホテル」に関する話題といえば，海外資本あるいは海外ブランドのホテルばかりとなっている。その中でも特に注目される

i

キーワードが「ラグジュアリー」である。

　1990年代に入るまでは，わが国における海外資本あるいは海外ブランドのホテルは限定的な存在であった。ところが，1990年代に入るや否や，従前の高級ホテルの常識を覆すような施設が海外ブランドで展開されるようになったのである。その結果，国内資本のホテルは，さまざまに試行錯誤を強いられるようになったのは周知のとおりである。その中には，残念ながら歴史に名前を残すのみとなったホテルもある。

　本書は，こうした前提のもとで，「ラグジュアリー・ホテル」と呼ばれる施設が対象としている市場について検討し，それを取り巻く「ラグジュアリー・ホスピタリティ」の状況についても把握し，ホスピタリティ産業の代表格であるホテルを取り巻く高価格帯のビジネスについて検討していく。あわせて，1980年代まではわが国を代表する存在であり，今なお要人の接遇を中心に，高価格帯の市場において重要な役割を果たしているホテルを対象に，その歴史をたどることで，当該ホテルが果たしてきた「迎賓館」としての役割を明確化し，ラグジュアリー・ホテルとの相違点も確認する。

　残念ながら，ラグジュアリー・ホテルについては，多くが海外ブランドの施設となってしまっているのが現状である。しかし，その中にあって，日本ならではの良さを求めて来訪する海外の人々を魅了してやまない国内資本のホテルがあることもまた事実である。

　これまでは，一部を除いてホスピタリティ産業に特化した高価格帯のビジネスに関する研究はなされてこなかったが，今後，わが国が観光立国を目指していくうえでは避けては通れないのがこの分野である。本書がそのための一助となれば望外の喜びである。

　なお，章扉の写真はすべて，著者による撮影である。

著者一同

ラグジュアリー・ホスピタリティ ● 目次

はじめに　i

# 第1章　ラグジュアリー・ホスピタリティの概観

## 1　はじめに …………………………………………………………………… 2

## 2　ラグジュアリー・ホテルとは …………………………………………… 3

## 3　ラグジュアリー観光の特徴 ……………………………………………… 6

(1) 高価格帯の高付加価値観光　6

(2) 伝道師となりうるラグジュアリー市場の観光者　6

## 4　ホスピタリティ産業以外のラグジュアリー観光の牽引役 ……… 8

## 5　ラグジュアリーと経済 …………………………………………………… 10

## 6　ラグジュアリーの研究に向けて ……………………………………… 12

# 第2章　語源から考察するラグジュアリー

## 1　はじめに …………………………………………………………………… 16

## 2　語源から考えるラグジュアリー ……………………………………… 17

(1) ラグジュアリーと類義語　17

(2) ラグジュアリーとリッチの比較　18

(3) プレミアムの検討　20

(4) ラグジュアリーの要素となる「無駄」と「贅沢」　21

## 3　ラグジュアリーの本質 …………………………………………………… 21

iii

# 第3章 ラグジュアリー・ホスピタリティ市場の構成者：供給側

## *1* はじめに ……………………………………………………………… 26

## *2* ラグジュアリー・ホテルを展開する企業 ……………………………… 27

(1) メガ・ホテル・チェーンにおける高価格帯ブランド　27
　① ヒルトン　27
　② マリオット　28
　③ インターコンチネンタル　29
　④ ハイアット　31
　⑤ アコー　31

(2) ラグジュアリー・チェーン　33
　① ペニンシュラ　33
　② マンダリン・オリエンタル　35
　③ シャングリ・ラ　35
　④ フォーシーズンズ　37
　⑤ ドーチェスター・コレクション　38
　⑥ ジュメイラ・グループ　39
　⑦ カーズナー・インターナショナル　39
　⑧ ローズウッド　40
　⑨ アマンリゾーツ　41
　⑩ バンヤン・グループ　42

## *3* 他事業におけるラグジュアリー ……………………………………… 43

(1) ラグジュアリー・ブランド　43
(2) 小売業　45
(3) 交通事業　46
(4) その他　47

# 第4章 ラグジュアリー・ホスピタリティ市場の構成者：需要側

**1 はじめに** ................................................................ 52

**2 需要側の前提** .......................................................... 52

   (1) わが国の富裕層　52

   (2) 観光における富裕層　55

**3 世界の富裕層** .......................................................... 56

   (1) ロスチャイルド家　56

   (2) ロックフェラー家　56

   (3) ビル・ゲイツ氏　57

   (4) イーロン・マスク氏　57

   (5) その他の富裕層　58

**4 日本の富裕層** .......................................................... 58

   (1) 三井高利　59

   (2) 岩崎弥太郎　60

   (3) 堤康次郎　61

   (4) 松下幸之助　61

   (5) 江副浩正　62

   (6) 柳井正氏　62

   (7) 孫正義氏　63

   (8) 堀江貴文氏　63

   (9) 前澤友作氏　64

**5 富裕層の形成と時代変化** .......................................... 64

(1) 富裕層の形成プロセス　64

(2) 現代の富裕層と波及効果　67

6　準富裕層とラグジュアリーの「日帰り客」 ················ 70

# 第5章　ラグジュアリー・ホスピタリティ市場の構造

1　はじめに ·················································· 74

2　中価格帯市場とプレミアム市場の変遷 ············ 74

(1) 中価格帯市場にこだわった日本企業の失敗　74

(2) 需要における質の変化　76

3　商品ラインにおける「縦の拡がり」としてのプレミアム市場 ····· 78

4　プレミアム消費における2つの側面 ·············· 80

(1) 日常における「ちょっとプレミアム」　80

(2) 自身を消費に投影する「アイデンティティ・プレミアム」　80

5　ラグジュアリー・ホスピタリティ市場の概観 ········· 82

# 第6章　ホテルの各部門におけるラグジュアリー

1　はじめに ·················································· 88

2　宿泊部門：客室の要素から考えるラグジュアリー ········· 89

(1) 宿泊施設とは　89

(2) 空間（スペース・広さ）　90

（3）設備　93

### *3*　料飲サービス部門における変化 ············ 94

（1）伝統的なホテルにおける料飲サービス　94

（2）フランス料理の歴史　96

（3）新しい潮流　97

（4）補論：料飲サービスとしてのワインを取り巻く環境　99

### *4*　宴会部門におけるラグジュアリー ············ 100

（1）宴会部門の特徴　100

（2）宴会商品の特性　102

（3）一般宴会部門におけるラグジュアリー　102

### *5*　ブライダル部門におけるラグジュアリー ············ 103

（1）ブライダルを考察する前提　103

（2）ブライダル商品の特性　105

（3）新郎新婦にとってのラグジュアリー　106

（4）列席者が感じるラグジュアリー　108

### *6*　ホテルの部門とラグジュアリー概念 ············ 108

## 第 *7* 章　東京における「ホテル御三家」の系譜

### *1*　はじめに ············ 112

### *2*　御三家と賓客 ············ 113

（1）御三家とは　113

（2）賓客の受入におけるポイント　114

### *3*　御三家の歴史：**1960**年代半ばまで ············ 115

vii

(1) 帝国ホテル　115

(2) ホテルオークラ　117

(3) ホテルニューオータニ　119

(4) グランドホテルの転換点と新たなビジネスモデル　119

## *4*　御三家の特徴 ································································· 121

(1) 御三家たるゆえん　121

(2) 御三家のポジショニング　122

## *5*　御三家とラグジュアリー・ホテル ····················· 126

(1) 従前の御三家　126

(2) ラグジュアリー・ホテル誕生への対応　127

# 第8章　大阪のホテル史
## ー「迎賓館ホテル」を中心にー

## *1*　はじめに ····································································· 132

## *2*　迎賓館ホテルとは ····················································· 132

## *3*　大阪におけるホテルの歴史 ····································· 133

(1) 新大阪ホテル以前　133

(2) 新大阪ホテル開業の経緯　137

(3) ロイヤルホテルからリーガロイヤルホテルへ　139

## *4*　営業方針・価値観の変化 ········································· 141

(1) 新大阪ホテルと大阪ロイヤルホテルにおける営業方針の違い　141

① 新大阪ホテル　141

② 大阪ロイヤルホテル　142

(2) ホテルの価値観・役割と標的市場セグメントの時代変化　143

① 外国人への迎賓館機能提供期　144

② 国内中間層獲得期　145

③ 二極化の時代　146

④ 多様化の時代　148

## 5　ラグジュアリー・ホテルへの視座　149

## 第9章　日本各地における ラグジュアリー・ホテルの事例

## 1　はじめに　154

## 2　各都市を代表する歴史あるホテルの状況　155

(1) 札幌　155

(2) 名古屋　157

(3) 福岡　159

(4) 鹿児島　161

(5) 他都市における高価格帯ホテル　162

## 3　特別フロアの設定によるラグジュアリー・ホスピタリティの事例

164

(1) パレスホテル東京　164

(2) 東京ドームホテル　166

(3) ホテルニューオータニ（東京）　169

## 4　旅館の事例　171

ix

（1）大規模施設の事例——ほほえみの宿 滝の湯　171

（2）小規模施設の事例——金乃竹グループ　173

（3）天空の森　177

# 第 10 章　ラグジュアリー・ホスピタリティ 実現のための理論的検討

## 1　はじめに …………………………………………………………………… 182

## 2　高価格帯消費の特徴 …………………………………………………… 183

（1）消費財の分類　183

（2）お客様の内的要因　184

## 3　ラグジュアリーにおける4P ……………………………………… 186

（1）Products：製品　186

（2）Price：価格　188

（3）Place：流通とPromotion：広告・販売促進　189

## 4　高付加価値ホスピタリティにおける規模の問題 ………… 190

（1）グランドホテルの存在意義　190

（2）迎賓館の意味　191

（3）規模と価格帯　193

## 5　ラグジュアリー・ホスピタリティ実現のために ………… 198

あとがき　201

索　引　203

# ラグジュアリー・ホスピタリティ
―これからの日本を変える高付加価値観光―

# 第1章
# ラグジュアリー・ホスピタリティの概観

**パレスホテル東京のロビー**

　本章では，ラグジュアリーを考えるうえでの前提となる現状の把握を試みる。どうしても「高級」「高価格」といったイメージばかりが先行しがちなラグジュアリーであるが，それ以外にも，多様な意味を内包していることも忘れてはならない。このことを，ホテルのみならず，観光，さらには経済全体の視点からも把握することで，以降の各章における検討の前提としての理解を目指す。

# *1* はじめに

ホテルを分類する際は一般に，価格帯を分けて，以下のような5段階に分類することが多い。

- ラグジュアリー（luxury）
- アップスケール（upscale）
- ミッドプライス（mid-price）
- エコノミー（economy）
- バジェット（budget）

実際，星の数などで同様の5段階分類を用いて格付けをしている国も存在する。もちろん例外もあり，「7つ星」を標榜するホテルや，「アッパー・アップスケール」といった，中間を埋めるようなグレードを採用しているホテル・チェーンもある。

公的なものとしては，フランス政府観光局，英国政府観光庁，スペイン政府と自治州，ニュージーランド政府観光局や中華人民共和国国家観光局などが，5段階の星による等級を用いている。なお，フランスではその上に「パラス」という称号も用いている。民間のものでは，有名なミシュランガイドや全米自動車協会によるものなどもあれば，フォーブスによる上位施設のみの結果を公示しているものもある（北村（2016），渡邊（2022）などによる）。

このように，5段階分類では「ラグジュアリー」といえば最高価格帯にあたるが，この言葉には多様な意味が含まれている。そこで，本章では，ラグジュアリーを取り巻く観光やホスピタリティの状況について，まずは概観しておくこととする。

2

# *2* ラグジュアリー・ホテルとは

　ここで，世界最大級のホテル・チェーンである「マリオット・インターナショナル」（以下，「マリオット」というが，ブランド名としての「マリオット」もあるので注意されたい）の事例をみてみよう。同社では，34ものブランド（2024（令和6）年3月現在）を，以下の5カテゴリーに分け，それぞれに当てはめている。

- ラグジュアリー
- プレミアム
- セレクト
- 長期滞在
- コレクション

　このうち，ラグジュアリーとプレミアムはいずれも，かなり高級なイメージにつながるが，それぞれに該当するブランドは**図表1-1**のとおりである。プレミアムに属しているブランドも確かに高価格帯の施設ではあるが，さらに高価格帯に位置するブランドがラグジュアリーに配置されている。

　こうした事例からも，ラグジュアリーとはホテルの価格帯で分けたカテゴリーのうち，最も高価格帯を示す表現であることが理解できよう。そして，ホテルに限らず，ラグジュアリー市場とは一般に，最高価格帯の市場を指すと考えて差し支えない。

　それでは，昨今のわが国における，高価格帯ホテルの状況はどのようになっ

[ **図表1-1** ] マリオットのラグジュアリーとプレミアム

| | |
|---|---|
| ラグジュアリー | ザ・リッツカールトン，セントレジス，JWマリオットなど |
| プレミアム | マリオット，シェラトン，ウェスティン，ル・メリディアン，ルネッサンスなど |

出典：同社HPより（2024年3月25日アクセス）。

ているのであろうか。コロナ禍の前，2019（令和元）年の秋に，とあるオンライン・トラベル・エージェント（OTA）における東京のホテルの価格を調べてみた（1室2名で1泊の価格）。

■グランドハイアット東京 : 91,000 円
□ザ・リッツカールトン東京 : 85,501 円
□マンダリン・オリエンタル東京 : 80,000 円
◎パレスホテル東京 : 79,000 円
■パークハイアット東京 : 76,300 円
■アンダーズ東京 : 76,000 円
□ザ・ペニンシュラ東京 : 76,000 円
□フォーシーズンズホテル丸の内東京 : 75,000 円
□シャングリ・ラ・ホテル東京 : 74,000 円
■コンラッド東京 : 72,000 円
■ヒルトン東京お台場 : 60,000 円
□ヒルトン東京 : 56,520 円
○プリンスギャラリー東京紀尾井町 : 53,336 円
■東京マリオットホテル : 52,337 円
◎目黒雅叙園 : 49,630 円

このうち，■は実際の経営企業は国内資本だが，海外ブランドを冠している施設，□は経営も含めて海外資本，◎は純粋な日本資本のホテルとなっている。なお，○は，基本的には国内資本ホテルであるが，海外ブランドとの提携による送客契約を結んでいる。

これらはいずれも，その時点で販売可能な客室のうち最低価格が示されているため，さらに低価格の客室が既に売切れ（満室）となっている可能性もある。しかし，全体的には，概ね市場の傾向を反映しているといえるだろう。

どのホテルもかなりの高価格となっており，庶民からは高嶺の花である。注目すべきは，ほとんどが海外資本あるいは海外ブランドになっている点である。

しかし，驚くのはまだ早い。2023（令和5）年12月の同じ調査では，以下の

ような結果となった（内容は同様で，■と□，◎と〇の意味も同様）。

| | |
|---|---|
| ■ブルガリホテル東京 | ：581,900円 |
| □アマン東京 | ：552,805円 |
| □ザ・リッツカールトン東京 | ：264,132円 |
| ■フォーシーズンズホテル東京大手町 | ：247,309円 |
| ■パークハイアット東京 | ：214,408円 |
| □フォーシーズンズホテル丸の内東京 | ：191,400円 |
| ■コンラッド東京 | ：187,550円 |
| ◎高輪・花香路 | ：183,985円 |
| 〇ベルスター東京 | ：171,702円 |
| ■アンダーズ東京 | ：171,644円 |
| □マンダリン・オリエンタル東京 | ：168,069円 |
| ◎ザ・キャピトルホテル東急 | ：165,845円 |
| □シャングリ・ラ・ホテル東京 | ：156,230円 |
| ■東京エディション虎ノ門 | ：143,451円 |
| ◎パレスホテル東京 | ：130,116円 |

　円安が進んでいることを加味しても，まずは全体的に価格が大きく上昇していることが目を惹く。2019（令和元）年にも示されているホテルを比較すると，2倍から4倍程度にもなっているのである。そして，「グランドプリンスホテル高輪」内の「花香路」や「ベルスター東京」，「ザ・キャピトルホテル東急」，「パレスホテル東京」といった国内資本の施設も健闘してはいるが，やはり多くが海外資本または海外ブランドの施設になっているのは変わっていない。

　実は，本書を執筆するに至った根本的な理由がここにある。すなわち，「観光立国」を目指しているといいながら，最高価格帯のホテルの多くは，海外資本であったり海外ブランドになったりしている状況で，本当にそれが実現できるのかという疑問である。逆に，国内資本のホテルが海外にも展開できているのであれば，それほど気にする必要はないであろうが，ごく一部にとどまっているのが現状である。

一方で，「APAホテル」や「東横イン」，「ドーミーイン」といった，相対的に低価格のチェーンについては，国内資本も存在感を示している。しかし，高価格帯市場に関しては，直接的なビジネス面以外にも，さまざまな間接的な効果があることにも留意する必要がある。

# *3* ラグジュアリー観光の特徴

## （1）高価格帯の高付加価値観光

高価格帯の市場は，昨今は観光全般においても注目されている。実際，政府も「高付加価値観光」と名付け，特に地方への誘客促進の切り札として着目している。

2023（令和5）年から2024（令和6）年にかけて，東京を中心としてホテルの価格が劇的に上昇したのは前項で述べたとおりである。こうした施設はいずれも，実に7割から8割，施設によってはそれ以上が海外からの来訪客となっている。海外ブランドの施設はいずれも，海外に本拠地があり，世界的なチェーン展開を進めている施設で，その分多くの富裕層を集客できる。いずれにせよ，海外からの来訪客に多くのお金を落としてもらうことが，観光振興に寄与することは間違いない。

## （2）伝道師となりうるラグジュアリー市場の観光者

最高価格帯に位置しているホテルをラグジュアリーと呼ぶことはほぼ間違いない。ただし，そこから「ラグジュアリー」そのものを単に「高級」や「高価格」であるととらえると，その本質を見誤る可能性がある。後で詳しく考察するが，"luxury"の語源は，ラテン語の"luxus"，"lux"，"luxuria"などとされており，本来的には必要のないもの，過多，といった意味や，光，明るさといった意味も内包している。この事実には，非常に深い意味がある。

光や明るいといった意味から，ラグジュアリーには，周囲を明るく照らして

くれるほどの存在というような側面もあるといえる。つまり，ラグジュアリー市場とは，ある対象の魅力を代弁しうるような人々によって構成されているとも考えられるのである。

　当該市場を構成する観光者は，消費単価が高いといった直接的なメリットがあることはもちろん，その人自身に影響力があるため，その人が伝道者となって，自身の準拠集団の構成員に対して大きなインパクトをもって伝えてゆくという側面もあることもポイントである。すなわち，インバウンド観光におけるラグジュアリー市場の存在は，当該国・地域の魅力を，ラグジュアリー市場の観光者が自国の人々を中心に幅広く伝えてくれるということでもある。

　加えて，この高付加価値観光をする人々は，非常に興味深い観光行動をすることが知られている。高価格帯の観光における前提として，以下の基礎要件が重要となる。

- 本物の体験（authentic）
- エクスクルーシブさ（exclusive）
- パーソナライズ（personalization）
- プロフェッショナルなサービス（professional）
- 評価度合と注目度合（notable）
- 価格相応（valuable）

これに加えて，近年ではさらに以下の価値も必要とされているという。

- 地球環境への配慮（sustainable）
- 訪問地の理解と尊重（responsible）
- 訪問地の環境，社会，文化への貢献（regenerative）
- 革新性（innovative）
- 成長可能性や学び（transformative）
- 心身への好影響（wellness）

（いずれも，日本政府観光局（2023）による）

ここに、「地球環境への配慮」や、「訪問地の理解と尊重」、「訪問地の環境、社会、文化への貢献」といった要素があることに注意する必要がある。これらは、単なる高価格とは直接結びつかない概念であることは自明であろう。
　以上から、ラグジュアリーといっても、やはり単に高価格であればいいというわけではないことがうかがえる。

## 4　ホスピタリティ産業以外のラグジュアリー観光の牽引役

　冒頭で紹介した宿泊施設以外でも、観光に関わる業界では、高価格帯への志向が顕著である。その一例として、まず航空業界の取組を紹介しよう。
　コロナ禍前、世界の航空需要は一貫して上昇傾向にあった（**図表1-2**）。
　この時期に大きく成長したのが中東に本拠を置く航空会社である。一部メディアでは「中東御三家」とも称されたのが、アラブ首長国連邦のドバイ首長国に本拠を置く「エミレーツ」、同連邦のアブダビ首長国の「エティハド航空」、カタールの「カタール航空」である。いずれも、機内にシャワーや個室を

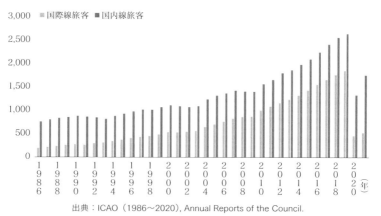

[ 図表1-2 ] 世界の航空旅客数推移（単位：百万人）

出典：ICAO（1986～2020), Annual Reports of the Council.

備えた豪華な設備を展開したことで，大変な話題となった。

　機内が豪華になれば，当然ながら空港での時間を過ごすための施設も豪華なものが求められるようになる。そこで，各社は本拠地のあるドバイ国際空港，アブダビ国際空港，ドーハ・ハマド国際空港に，広大なスペースを占有したラウンジも設置している。

　中東は，アジアからヨーロッパ，アフリカを結ぶ中継地点であり，特にアジアやアフリカ諸国の経済成長とともに，その地の利を活かした戦略展開でこうした航空会社も成長した。他の航空会社でも，エコノミー・クラス以外にビジネス・クラスやファースト・クラスが従前から存在していたが，さらに高価格帯向けの，エクスクルーシブな空間を用意したことは特筆されよう。実際，『週刊東洋経済』などがしばしば航空会社のイメージ調査を実施しているが，特にエミレーツは上位に入ることが多いようである。ところが，同社が日本路線に飛ばしてきた機材は，ビジネス・クラスの座席は横列が1席多いほか，エコノミー・クラスもA380以外はやや多めに設置されており，むしろ，必ずしも豪華とはいえない。つまり，上級クラスのイメージが下級クラスにも波及しているものと考えられる。

　国内の空においても，せとうちホールディングス（2019（平成31）年，ツネイシホールディングスに吸収合併）が2016（平成28）年に設立した㈱SKYTREKは，飛行機やヘリコプターのチャーターを絡めたツアーを手がけている。2017（平成29）年からは，スマートフォンのアプリから予約が可能となり話題となった。羽田空港など，いくつかの空港から「瀬戸内リトリート青凪」や「扉温泉 明神館」に宿泊するツアー，瀬戸内海を巡る豪華客船「guntû（ガンツウ）」に乗船するツアーなどを提供している。

　鉄道の世界に目を転じると，2013（平成25）年に運行開始したJR九州による「ななつ星 in 九州」が先鞭をつけたクルーズ・トレインは，その後，2017（平成29）年にはJR東日本による「TRAIN SUITE 四季島」とJR西日本による「TWILIGHT EXPRESS 瑞風」が相次いで登場するに至っている。これらはいずれも，2〜4泊の旅程で数十万円から100万円を超えるような価格が設定されているが，予約を取るのも困難なほどの人気を集めている。興味深いのは，JR東日本は「北斗星」（1988（昭和63）年〜2015（平成27）年）や「カシオペア」

（1999（平成11）年〜2016（平成28）年，以後は臨時で運行），JR西日本も「トワイライトエクスプレス」（1989（平成元）年〜2015（平成27）年）といった「豪華寝台列車」を運行していたが，それらとは文字どおり桁が違う価格設定となっている点である。

大量高速輸送のイメージが強い新幹線でも，東北新幹線で従来のグリーン車を上回る「グランクラス」が2011（平成23）年に登場し，以後，北陸新幹線，北海道新幹線にも展開されている。2024（令和6）年には，東海道新幹線でも，「グリーン車よりも更に上質な設備・サービスを備えた個室」（JR東海プレスリリース（2024）より）が2026年より導入されると発表された。

百貨店も，高付加価値観光の一役を担う重要な存在である。松屋銀座本店の2023年度の売上高（2024年2月期）は，前期比35.5％増の1,018億円で，過去最高を更新した。このうち，免税売上高は前期比83％増で実に337億円となっている。三越銀座店（2024年3月期）も同35.6％増の1,047億円となっている。いずれも，ラグジュアリー・ブランドの鞄や財布，宝飾品，時計，化粧品などが好調で，インバウンドの恩恵を大いに受けているということになる。

# *5* ラグジュアリーと経済

マクロ経済の視点から眺めると，ここでもラグジュアリーの影響は無視できないことが浮き彫りとなる。

中野（2021）によれば，世界の最終消費財ビジネスのうち，ラグジュアリー分野における売上の約7割は欧州企業であるという。そして，経済開発協力機構（OECD）と欧州連合知的財産庁（EUIP）による，2019年度の知的財産に関する報告書によれば，知的財産がコアにあるビジネスは，2011年から2013年にかけて，EU全体のGDPの42％を占めているという。そのうち，知的財産の上位3つが，商標（35.9％），特許（15.2％），デザイン（13.4％）となっている。

製品生産において，先進諸国は開発途上国に対して大きなハンディがある。人件費が安い国の方が，低コストで生産しやすいのは当然だからである。そこ

で，こうした知的財産，特にブランドに代表される商標が付加価値となり，その中でもデザインと結び付いた高価格帯の商品が，GDPに好影響を及ぼしているということになる。

ホテルにおいてもこの点は同様であり，ブランド力のある大規模チェーンのラグジュアリー・ブランドが相対的に高価格を実現できているのは前節で説明したとおりである。その意味では，わが国のホテル企業は，こうした強みを発揮しきれていない可能性があるといえるだろう。

最後に，豊かな社会においては，高価格を取り巻く逆説的な状況が生じているという点を指摘しておきたい。

一般的には，人間は「必要なもの」にこそお金をたくさん払いそうでいて，実際には「必要なもの」より「本来的には必要のないもの」にこそ，高いお金を払う可能性がある。例えば，飲食店などの料飲サービス施設においては，相当な高級店であってもコース料理の値段は3万円とか5万円といった価格であるのに対して，飲料，特にワインの値段などはさらに高額で天井知らずの値段となっている。お店によっては，数十万円から100万円を超えるようなワインが用意されていることもある。そして，その価格差は，必ずしも品質の差であるとは限らない。つまり，生きていくのに必要な食料より，必要ないはずの酒類の方が高く，しかもその価格差には客観的な根拠がないということになる。

また，高級時計に関しても，昨今ではスマートフォンをみれば正確な時間がわかる状況で，トゥールビヨンに代表されるさまざまな工夫を凝らしつつゼンマイと歯車を用いながら時を刻む正確性を保持しようとすることは，極端にいえば無意味とさえいえるだろう。

ラグジュアリー市場のビジネスを考えるには，こうした事実も考慮する必要があることになる。

一方，われわれ庶民でも，こうした世界に触れることもある。例えば，何かの記念日に高級なホテルやレストランを利用することもあれば，そこまでではなくとも，自分へのご褒美にちょっと贅沢をする，ということもあるだろう。そして，「一生に一度」の買い物であるブライダルに関連する消費においては，さらに財布の紐が緩んでしまう可能性もある。実は，こうした庶民によるちょっとした贅沢も，ラグジュアリー市場あるいはそれに準ずる市場の一角を

構成しているのである。

# 6　ラグジュアリーの研究に向けて

　以上のように，ラグジュアリー・ホテルを取り巻く環境としては，交通機関や小売業など観光を支える諸要素，さらにはそういった事業に商品を供給するラグジュアリー・ブランドなども大いに関係していることを忘れてはならない。その点からは，本来的にはラグジュアリー研究の進展に向けて，こうしたさまざまな主体について，多面的に把握していくことが必要とされるのだろう。

　しかし，本書では，あくまでホテルや旅館を中心としたホスピタリティ産業をその軸に据えて論を展開していく。その理由としては，「はじめに」で述べたように，本来的な観光立国の実現には，インバウンドの量だけでなく質も重要であるということと，「観光産業の輸出」も重要であるという考えがその根底にある。もし国内資本のホテルが海外にも幅広く展開されていれば，インバウンドが増えなくとも，展開されている施設における売上の一部が国内に還流することになる。逆にいえば，マリオットやヒルトンが日本にあるということは，宿泊客が落とした金額の一部は，米国に還流するということでもある。すなわち，日本に海外資本や海外ブランドのホテルが多くあるということは，インバウンドが増えたとしても，その一部は再び国外へ流出してしまうのである。現状のラグジュアリー・ホテルの状況はまさにそうなっており，これでは本当の意味での観光立国は実現できない。

　国内資本のラグジュアリー・ホテルが増えて，そこにインバウンドの富裕層が宿泊し，国内資本のラグジュアリー・ホテルが海外にも進出することで海外からも売上の一部が流入するという状況が，本来的な観光立国の実現といえるのではないだろうか。実は，百貨店の活況にも同様の状況が垣間見られる。売れているラグジュアリー・ブランドの多くは海外ブランドだからである。

　ホテルにせよ百貨店にせよ，海外ブランドのみが販売されている現状を打破するために，ラグジュアリー市場に関する理解が重要である。以上から，次章以降ではラグジュアリーの語源のみならず，市場構造などについても検討を加

えていく。

**▶参考文献**

安西洋之（2020），「『新しいラグジュアリー』を作るという挑戦　カギは360度の視野」『Forbes Japan』（2020年12月17日）https://forbesjapan.com/articles/detail/38719.

北村剛史（2016），『ホテル・ダイナミクス—個人消費時代に抑えておくべき新たなホテル力学』オータパブリケイションズ.

中野香織（2021），「ラグジュアリーとは何か。「言葉」と「歴史」から考える」『Forbes Japan』（2021年1月21日）https://forbesjapan.com/articles/detail/39357.

JR東海プレスリリース（2024），「東海道新幹線への個室の導入について」（2024年4月17日）https://jr-central.co.jp/news/release/nws003999.html.

日本政府観光局（2023），「インバウンドの大きな潮流「高付加価値旅行者」を摑もう」（2023年3月3日）https://www.jnto.go.jp/projects/regional-support/resources/3808.html.

渡邊布味子（2022），「ラグジュアリーホテルとは何か（前編）—海外のホテル格付けと外資系ホテルのブランドについて」『ニッセイ基礎研究所コラム』（2022年7月1日）https://www.nli-research.co.jp/report/detail/id=71656?site=nli.

『月刊エアライン』各号，イカロス社.

『航空旅行』各号，イカロス社.

『週刊東洋経済』2015年5月16日号.

（徳江 順一郎）

# 第 2 章
# 語源から考察する ラグジュアリー

フォーシーズンズホテル東京大手町のパノラマ・スイート

　本章では，ラグジュアリーのみならず，類義語も含めてその語源をたどることにより，それぞれの相違点を明確化する。具体的には，先行研究を踏まえ，ラグジュアリーやその類義語も含めた語源などを検討し，それぞれを比較することを通じて，ラグジュアリーの本質に迫っていく。

# *1* はじめに

　ラグジュアリーの先行研究は，「ルイ・ヴィトン」や「シャネル」といった，いわゆる「ラグジュアリー・ブランド」におけるマネジメント研究のうちに見受けられる。

　長沢訳（2011）では，ラグジュアリーの起源からたどり，王侯貴族のみに許されていたラグジュアリーが，産業革命以降，富を獲得できるようになった新興ブルジョアジーなどの富裕層へと主役が移ったことが，現在のラグジュアリー市場形成の前提となっているという指摘がある。さらに，現代では富裕層でなくとも手が届く価格のアクセサリー類などをたまに購入する，「ラグジュアリーの日帰り客」と呼ばれる層が存在することに触れられている。この「日帰り客」という層については，宿泊産業においても存在する。

　また，ラグジュアリーのキーワードとして，価格・稀少性・独占感・完璧さ・歴史・芸術・時間・夢などを挙げている。しかし，価格については，キーワードにはなるものの，価格自体がラグジュアリーになるわけではないとも述べている。

　長沢・森本監訳（2013）によれば，ラグジュアリーの定義としては，いくつかの基本的な原則（高品質，高価格や稀少性）は当然のこととして，高度に主観的で，少なくとも年齢や民族性（ethnicity）に従ったそれぞれの仕方で解釈されるべきであると結論付けられるという。

　両研究をみてもわかるように，キーワードとなる要素が必ずしもラグジュアリーを作り上げる要素となっているわけでなく，いくつかの基本的な原則はあるものの，それぞれの仕方で解釈されるべきとも述べられており，ラグジュアリーの定義を考察するにあたり，その難解さが理解できよう。

　そこで，以下では，類義語との比較も通じつつ，ラグジュアリーの語源について検討し，その正体に迫っていきたい。

# *2* 語源から考えるラグジュアリー

## (1) ラグジュアリーと類義語

　長沢・森本監訳（2013）では，ラグジュアリー語源はラテン語のluxusであり，ここから「壮麗な状態」と「罪や堕落の観念」という，対極的な言葉が派生していることから，luxusが持つ二面性が示唆されている。また，現代のような意味で使用されはじめたのは17世紀以降であるとも論じられている。

　前章で述べたように，宿泊施設における最高ランクとしてラグジュアリーという言葉が用いられている。一方で，類義語でさまざまな商品名などに使われている言葉があり，広辞苑から抜粋したのが**図表2-1**である。

　ここで挙げた言葉は，豪華，絢爛，華麗，高級，豊か，富裕など，いずれもそのモノの素晴らしさ，最上級さを表した意味を持つものばかりである。この

### ［図表2-1］ラグジュアリーと類義語

| ことば | 意味 | 活用例 |
|---|---|---|
| ラグジュアリー<br>（Luxury） | 豪華。ぜいたくなさま。ぜいたく品。 | ホテル<br>車 |
| プレミアム／<br>プレミア<br>（Premium） | 割増金。手数料。打歩。商品につける景品。オプション取引につける権利料。一等上等・高級であること。 | ビール<br>入場券 |
| ゴージャス<br>（Gorgeous） | 豪華。絢爛。華麗であるさま。きらびやかなさま | |
| リッチ<br>（Rich） | 豊かなさま。富裕なさま。<u>贅沢なさま</u> | ビール<br>お菓子 |
| エクセレンス<br>（Excellence） | 優秀さ。卓越姓。 | |
| グランド（グラン）<br>（Grand） | 「大規模の」「大型の」の意 | ホテル<br>マンション<br>座席 |

出典：新村編（2018）をもとに著者作成。

中で，ラグジュアリーによく似た意味を持つ言葉にリッチがある。この2つの言葉に共通する意味として「ぜいたく（贅沢)」という，他にはない意味がある。そこで，この2つの言葉については，もう少し深く考察する必要がある。加えて，第1章でも出現した，プレミアムについても検討する。

## (2) ラグジュアリーとリッチの比較

ラグジュアリーとリッチについて，語源を検討したものが**図表2-2**である。

ラグジュアリーはラテン語を語源とし，中世では好色，淫乱，色欲，贅沢といった意味があり，あまりいいイメージで使われていた言葉ではない。ただし，中世での意味が寝床を連想させ，現在の宿泊に関わる言葉につながった可能性も垣間見えよう。一方でリッチについては，相対的に良いイメージであり，語源の段階では，贅沢という意味では使われていない。

興味深いのは，山田（2009）も，富（richness）と贅沢（luxury）を区別し，語源や使われ方を例に，richnessやwealthのような即物的な豊かさの表現にはない，官能的な感覚をluxuryが持つと主張している点である。それを踏まえると，「贅沢」につながる点は共通するものの，ラグジュアリーには官能的あるいは極論すれば退廃的であり，リッチには富の裏付けがポイントになるという相違が見え隠れする。

また，長沢・森本監訳（2013）によれば，ラグジュアリーは常に，有用な（useful）ものと余分な（superfluous）もの，崇高な（magnificent）ものと邪

[ 図表2-2 ] ラグジュアリーとリッチの語源

| | 語源・意味 |
|---|---|
| ラグジュアリー<br>（Luxury） | ● ラテン語luxus（ルクスス）<br>● 1340-1812　好色，淫乱，色欲，贅沢<br>↓<br>寝床 |
| リッチ<br>（Rich） | 古期英語rice　強力な 金持ちの 高価な 豪華な 豊かな<br>ゲルマン語rikijaz　→　王の |

出典：寺澤編（1997）をもとに著者作成。

悪な（wicked）もの，壮麗（splendor）と浪費（extravagance），という正反対の意味が連想されるという。ただし，このうちマイナスの意味に関しては，英語になった段階でほぼなくなったようである。

そして，中野（2021）には，注目したい記述がある。

英語の「Luxury」という言葉ひとつにしても，語源をたどると，3つの含意を発見できます。

まず，中世のluxurieすなわちlust。色欲，淫乱という意味です。次にラテン語のluxus。これは（植物が）繁茂しすぎる，という意味。さらに近代以降は，フランス語のluxeの影響を考慮することが必須になってくるのですが，この文字の中には，光の単位が含まれています。つまり，光り輝くもの。

西洋文化におけるラグジュアリーには，この3つのエッセンスが見え隠れしています。誘惑的であり，豊かさを表すものであり，光り輝くもの。時代の推移とともに，この三要素の基準も大きく変わります。

ここで，このluxeに関しては，**図表2-1**には入れなかったが，「デラックス」（deluxe）という言葉にも，このluxeが入っている点も指摘しておきたい。ラテン語の「luxus」には，「過度な無駄づかい」や「過剰な道楽」といった意味もある。ところが，ここから派生した表現で，最近しばしば用いられるのが「リュクス」であり，ブランドネームや価格などに左右されず，対象物自体に価値を見出す際に使用される言葉であるという。ファッションアイテムの例を挙げると，素材が厳選されたものであったり，細部まで丁寧な細工が施されていたり，非常に深いこだわりがあり，それが商品自体の価値を作り出している場合にこの表現が使われるとのことである。なお，ラグジュアリーやプレミアムとは異なるのは，ブランド価値や価格が主体ではなく，あくまで対象自体の価値がポイントとなる点である。

語源を比較してわかったことは，ラグジュアリーという言葉は古くから贅沢という意味を持ち合わせており，「贅沢」という意味がラグジュアリーの本質を考えるキーワードになるのではないかと考える。

## (3) プレミアムの検討

　遠藤（2007）によれば，プレミアムの語源はラテン語の形容詞primusで，「第一番目の」，「最もよい，最良の」という意味があるという。すなわち，プラスアルファを支払うに値する「特別な価値」や「プラスアルファの価値」といった付加価値があるということが前提となる。

　ここで，この付加価値は，機能的価値と情緒的価値に大別される。機能的価値は，目に見えるものであることが多いが，圧倒的にレベルの違う価値を訴求する必要があるという。これに対して，目に見えない情緒的価値は，手にすることによる精神的な満足と所有者としての誇りに加えて，作り手や提供側に対する共感も重要である。そのため，消費者の情感に訴えかけたうえで，作り手や提供側との見えない絆を創り出せるかが重要となる。ラグジュアリーはこの情緒的・精神的な側面が弱いとも遠藤（2007）は主張する。

　また，プレミアムという表現は格差を連想させることがあり，米国では抵抗感が生じることがあるが，欧州ではそういった感覚はないという。そのため，ラグジュアリーは身分に関係なく，お金さえあれば手に入るが，プレミアムは商品やサービスが高品質であることは当然だが，一部の限定した人にしか手に入らない，あるいは特別のものを楽しめる人になりたいといった，「品」や「格」への憧憬や願望を満たす言葉でもあるという点には注意が必要だろう。

　加えて，金融取引における付加的な権利の価格にも用いられることが多い。つまり，「正規の料金の上に加えられる割増金」や「商品につける景品や懸賞の賞品」といった意味が内包されているわけである。実際，昨今のエアラインで増えている「プレミアム・エコノミー」は，あくまでエコノミー・クラスでありながら，付加的な権利が付与されているという考え方である企業が多いようである。

　マリオットの事例などをみると，少なくとも宿泊産業においては，現実にはラグジュアリーに準ずる位置付けがプレミアムに与えられていることが多い。こうしたことから，プレミアムに関しては，ベースとなる要素に付加された要素がある場合に用いられると考えられる。

## （4）ラグジュアリーの要素となる「無駄」と「贅沢」

以上を踏まえ，ラグジュアリーのキーワードとして挙げた贅沢について考えてみる。贅沢という言葉の意味は，藤堂ら（2019）によれば，身分不相応に派手な消費やそのような生活，あるいは費用が多くかかることとされている。また，贅沢の贅について調べると，同じく前掲書によれば，「余計な。余分で不必要なもの。」とされており，いわゆる無駄ということである。

贅沢という言葉の意味からもわかるように，身分不相応の派手な消費とは，身分相応な普段の生活以上に派手にする，考えようによっては豪華にするともとらえることができる。しかし，そのような生活は普段の生活から比較すると余計なものであり，余分で不必要なものである。まさに，無駄であるともいえる。

ラグジュアリーには，豪華やぜいたくなさまという意味があった。豪華と聞けばいい意味でとらえることができるが，ぜいたくといわれると，あまりいい意味ではとらえられない。これは，壮麗と浪費のような正反対の意味で使われていることに近い。例えば，照明器具は，部屋の中を明るく照らしてくれさえすれば，その目的は達成される。これがラグジュアリーな照明となればシャンデリアが連想される。そのシャンデリアは装飾が多く付いており，まさに壮麗，豪華というイメージになるだろう。しかし，照明の目的を達成するためだけならば，シャンデリアに付いている装飾はそれこそ無駄というものである。すなわち，無駄という側面もラグジュアリーには付帯することになる。

以上，語源からラグジュアリーについて考察した。言葉の意味，語源などから導出されるラグジュアリーの本質には，単なる高価格や高級といった意味のみならず，周囲に対する影響力に関連する要素も含まれることが理解できた。また，「無駄」という意味が含まれている可能性が垣間見えたことは興味深い。この点はプレミアムにはない特性といえるのではないだろうか。

# *3* ラグジュアリーの本質

本章では，言語学の成果も踏まえてラグジュアリーの本質に迫った。また，

実際の用法に照らしてみた場合の，ラグジュアリーとプレミアムの相違についても検討した。

　ラグジュアリーとは，先行研究でも述べられているように「高度に主観的」なものである。そのため，例えばラグジュアリーと感じられるような宿泊面積についても，人によって認識が大きく異なるのは当然である。そのため，必ずしも一定の面積があればラグジュアリーといえるわけではない。ただし，プレミアムに関しては，ベースとなる施設構成や広さに付加された場合に用いられる可能性がある。

　そして，現代のラグジュアリーは，特別な社会階層のみのものではなく，富裕層はさることながら，それに準ずる層や大衆層における「日帰り客」層も消費することができるようになった。当然のことながら，こうした各層には，明らかに価値観の違いが存在し，「日帰り客」層にとってはラグジュアリーととらえられても，富裕層も同じようにとらえるとは限らない。

　また，宿泊施設を運営する側の組織もあれば，宿泊施設を造る側の組織も存在し，「高度に主観的」であるラグジュアリーは，視点が変わればそれぞれ違ったとらえ方になる可能性も否定できない。これらの点を踏まえて考えると，ラグジュアリーの定義は，価値観が同じまたは近いセグメントに分けて考えることが必要になってくるであろう。

**▶ 参考文献**

石塚千賀子（2018），「ラグジュアリー製品とは何か―その製品とブランドの識別に向けて―」『現代社会文化研究』No.66, pp.187-200.

遠藤功（2007），『プレミアム戦略』東洋経済新報社 .

新村出編（2018），『広辞苑（第七版）』岩波書店 .

寺澤芳雄編（1997），『英語語源辞典』研究社 .

藤堂明保・松本昭・竹田晃・加納喜光編（2019），『漢字源（改訂第六版特別装丁版）』学研プラス .

徳江順一郎（2019），『ホテル経営概論（第 2 版）』同文舘出版 .

中野香織（2021），「ラグジュアリーとは何か。「言葉」と「歴史」から考える」『Forbes Japan』（2021 年 1 月 21 日）https://forbesjapan.com/articles/detail/39357.

長沢伸也訳（2011），『ラグジュアリー戦略―真のラグジュアリーブランドをいかに構築しマネジメントするか』東洋経済新報社 .（Kapferer, J. N. & V. Bastien（2009），*The Luxury Strategy — Break the Rules of Marketing to Build Luxury Brands*, Kogan Page Publishers.）

長沢伸也・森本美紀監訳（2013），『ファッション＆ラグジュアリー企業のマネジメント―ブランド経営

をデザインする』東洋経済新報社. (Corbellini, E. & S. Saviolo (2009), *Managing Fashion and Luxury Companies*, RCS libri S.p.A.)

廣間準一 (2015),「ホテル分類を考慮した重点開発項目の抽出研究」『日本国際観光学会論文集』日本国際観光学会, No.22, pp.89-95.

山田登世子 (2009),『贅沢の条件』岩波書店.

野村総合研究所 (2020), ニュースリリース「野村総合研究所, 日本の富裕層は133万世帯, 純金融資産総額は333兆円と推計」(2020年12月21日) https://www.nri.com/jp/news/newsrelease/lst/2020/cc/1221_1.

(田上 衛・徳江 順一郎)

# 第3章
# ラグジュアリー・ホスピタリティ市場の構成者：供給側

バリ島・アマンキラの3段プール

　本章では，ラグジュアリー市場において，商品やサービスを供給する側について検討する。本来的には，ラグジュアリー・ホスピタリティ市場に対して特定の企業のみが対応するということはなく，複合的にサービス提供がなされることになるが，ここでは宿泊施設を展開している企業を軸として説明する。

# *1* はじめに

　ここまで，ラグジュアリーの現状と，その語源から本質的な意味をたどってきた。それでは次に，こうしたラグジュアリー市場は，どのような主体によって成り立っているのか考察する。

　まず，供給側を考えてみると，少なくともホテルを含む宿泊市場においては，世界的に数千軒ものホテルを展開するような，大規模ホテル・チェーン（メガ・ホテル・チェーン）の中に，こうしたラグジュアリー対応をしている施設があるのは第1章のマリオットの例でもみたとおりである。他にも，メガ・ホテル・チェーンには「ヒルトン」，「インターコンチネンタル」，「アコー」といった存在があり，いずれも，最高価格帯のラグジュアリー・ブランドを擁している。

　あるいは，ラグジュアリー層のみを標的としてサービスを提供するチェーンもある。わが国にも立地しているものとしては，「ザ・ペニンシュラ」や「フォーシーズンズ」，「アマンリゾーツ」などが該当する。

　そして，当然ながら，単独あるいは少数の施設群で展開している企業にも，同様のサービスを提供している施設が存在する。

　広く観光全体に目を向けると，各航空会社が提供するファースト・クラスの座席や，専用ラウンジの用意あるいは送迎サービスの提供，プライベート・ジェットの運行などの航空会社による対応，クルーズ・トレインや客船など，鉄道会社や船会社による移動そのものが目的となるような旅の提供，これに加えてプライベート・コンシェルジュのような，あらゆる要望に応えるサービスの提供などもなされている。

　さらに，その他の市場も検討に加えていくと，服飾雑貨・宝飾品，時計，自動車，酒類といったものが，その対象に入ってくることになる。自動車は，フェラーリやポルシェ，BMWやベンツ，そしてわが国のレクサスなどがその代表格であろう。

　ただし，第1章でも述べたように，本書はあくまでホテルを中心としたホスピタリティ産業に関して述べていく。そのため，他事業に関しては，あくまで参考となると推測される最低限の情報を提供するにとどめる。

## 2 ラグジュアリー・ホテルを展開する企業

### (1) メガ・ホテル・チェーンにおける高価格帯ブランド

　世界的に数千軒もの規模でチェーンを拡げるメガ・ホテル・チェーンには，きわめて高価格のブランドを擁している企業もある。

#### ①ヒルトン

　「ヒルトン・ホテルズ&リゾーツ」（以下，「ヒルトン」という）は，1919年に創業者のコンラッド・ヒルトンが，テキサスの「ザ・モブリー」を購入したのがはじまりである。その後，1925年，ダラスに「ザ・ヒルトン」と名付けたホテルが開業し，そこから米国初の全国規模チェーンへと歩んでいく。1946年には，ニューヨーク証券取引所（NYSE）に上場した。

　1964年に米国内のホテルを統括する「ヒルトン・ホテルズ・コーポレーション」と米国以外の経営権を有する「ヒルトン・インターナショナル」に分かれた。このうち，ヒルトン・インターナショナルが1967年にトランスワールド航空（TWA）へ売却された。やがて，米

[写真3-1]
ウォルドルフ＝アストリア上海

出典：以下，本章内の写真はすべて著者撮影．

国内のヒルトンが米国外に再進出する際に「コンラッド」のブランドを用い，これは現在，ヒルトンにおけるかなり高価格帯のブランドとなっている。

　一方，同社はもともとニューヨークで経営してきた「ザ・ウォルドルフ＝アストリア」を他国でも展開しはじめており，このブランド「ザ・ウォルドルフ＝アストリア・コレクション」と「コンラッド」，そして「LXR」が最高価格帯

といえるだろう。

②マリオット

　世界最大級のホテル・チェーンとなったマリオットは，1927年，ワシントンDCに9席のみの小さなドリンクスタンドを開業したのがはじまりである。大きな成長につながったのは1937年，創業者のジョン・ウィラード・マリオットが，空港で客がサンドイッチや飲物を買い込んで飛行機に乗っていくのに着目し，イースタン航空で機内食の提供をはじめたことである。

　第1号のホテルは1957年，ヴァージニア州アーリントンに開業した「ツイン・ブリッジ・モーター・ホテル」である。1968年に上場したが，その時点では宿泊事業の比率は高いものではなかった。1970年代後半になると，既存ホテルの買収も組み合わせつつ急速な業容拡大を成し遂げている。その背景にあるのは，1977年の方針転換，つまりホテル物件（不動産）の所有をせず，経営に注力する方向へと企業の方針を転換させたことであった。

　1980年代後半以降，飲食事業や機内食事業を段階的に売却し，ホテル事業をビジネスとする「マリオット・インターナショナル」を設立した。1997年に

[写真3-2] シャルク・ヴィレッジ＆スパ・バイ・リッツカールトン

は「ルネッサンス・ホテルズ」を買収，1998年には「ザ・リッツカールトン」も傘下に収め，2016年に「スターウッド・ホテルズ＆リゾーツ」を買収し現在に至っている。

　「シェラトン」が開発した「ラグジュアリー・コレクション」と買収した「セントレジス」，スターウッドが開発した「W」，前述した「ザ・リッツカールトン」，そして自社開発の「J. W. マリオット」が高価格帯ブランドとなっている。ただし，実は「ブルガリ・ホテルズ＆リゾーツ」にもマリオットは関わっており，実際的にはこれが最も高価格である。

③インターコンチネンタル

　かつて世界を代表する航空会社であった「パン・アメリカン航空（パンナム）」によって，1946年に設立されたのが「インターコンチネンタル・ホテルズ＆リゾーツ」（以下，「インターコンチ」という）のはじまりである。

　英国の大手ビール醸造会社のバスは，世界最大級のホテル・チェーンであった1951年創業の「ホリディ・イン」を1988年に傘下に収め，1998年にはインターコンチを買収した。2000年にオセアニアを中心に展開していたサザン・パシフィック・ホテルズ・コーポレーション

[写真3-3] セントレジス大阪

[写真3-4] ヨコハマ・グランド・インターコンチネンタルホテル

もグループの一員となり、「バス・ホテルズ&リゾーツ」を形成した。

2018年、「リージェント・ホテルズ&リゾーツ」の過半の株式をフォルモサ・インターナショナル・ホテル・コーポレーションより買収し、チェーンにおけるラグジュアリー・ブランドに位置付けた。翌2019年には「シックス・センシ

[写真3-5] シックスセンシズ・ニン・ヴァン・ベイのメインプール

[写真3-6] シックス・センシズ・ジギーベイの遠景

ズ」も買収している。

インターコンチでは、「ラグジュアリー&ライフスタイル」というテーマのもとで、最高級カテゴリーをシックス・センシズとリージェント、そしてその下にインターコンチネンタル、キンプトン、インディゴを位置付けている。また、高級ランクとして「プレミアム」にクラウンプラザなどを配置している。

### ④ハイアット

ヒルトンと並び、わが国に比較的早くから進出していたのが「ハイアット・ホテルズ&リゾーツ」(以下、「ハイアット」という)である。同社の歴史は、1957年にハイアット・ハウスという名前のロサンゼルス国際空港近くのホテルを、シカゴの資産家であったプリツカー一族が買収したことからはじまる。1962年には、それまでに買収した数件のホテルを経営する会社としてハイアット・コーポレーションを設立した。

最高価格帯には、隠れ家的なコンセプトで小規模型の「パークハイアット」とやや大型の「グランドハイアット」、ライフスタイル系の「ANdAZ」を擁している。

[写真3-7] パークハイアット東京

### ⑤アコー

1967年、ポール・デュブリュールとジェラール・ペリソンが投資開発会社 Socieété d' Investissement et d' Exploitation Hôtelière (SIEH) を設立し、第一号の「ノボテル」をフランスのリールに開業したのが「アコー・ホテルズ」のスタートである。その後、ヨーロッパやアフリカを中心にチェーンの展開を推進していった。

[写真3-8] ラッフルズ・ホテル

[写真3-9] ソフィテル・カサブランカ・トゥール・ブランシュのロビー

　2016年に,買収・合併を重ねて大規模チェーンとなった「フェアモント・ラッフルズ・ホテルズ・インターナショナル」(FRHI) を買収し,飛躍的に軒数が増加した。また,同年にはバンヤンツリーとも資本・業務提携をしている。
　最高価格帯には,「ラッフルズ」,「フェアモント」,「バンヤンツリー」など

32

が，それに次ぐ価格帯には「ソフィテル」，「Mギャラリー」などが該当する。なお，バンヤンツリーについては後で詳述する。

## (2) ラグジュアリー・チェーン

　メガ・ホテル・チェーン以外にも，最高価格帯のラグジュアリー・ホテルのみ，あるいはそれを中心に展開するチェーンも存在する。

### ①ペニンシュラ

　「ザ・ペニンシュラ・ホテルズ」は，1866年創業の「香港上海大酒店有限公司／香港上海ホテルズ／The Hongkong and Shanghai Hotels, Limited」が経営している。

　香港の返還にあたりチェーン展開を加速させ，2024年現在では香港の他にマニラ，ニューヨーク，北京，ビバリーヒルズ，バンコク，シカゴ，東京，上海，パリ，イスタンブール，ロンドンにも立地している。

[ 写真3-10 ] ザ・ペニンシュラ東京

[ 写真3-11 ] ザ・ペニンシュラ香港

[写真3-12] ザ・ペニンシュラ・パリ

[写真3-13]
ザ・ペニンシュラ・パリのロビー

[写真3-14] エントランス

[写真3-15] ザ・ペニンシュラ・マニラのロビー

[写真3-16] マンダリン・
オリエンタル香港

[写真3-17] マンダリン・オリエンタル
クアラルンプール

② マンダリン・オリエンタル

　英国出身のウィリアム・ジャーディンとジェームス・マセソンによって1832年に中国の広州で設立され，その後1841年に香港へ移転した「ジャーディン・マセソン」が親会社であるのが，「マンダリン・オリエンタル・ホテルグループ」である。1963年に「ザ・マンダリン香港」が開業した。そして1974年にマンダリン・インターナショナル・ホテルズを設立し，タイのバンコクで1876年に開業以来，最高級と謳われ続けていた「ジ・オリエンタル」を傘下に加える。1985年にはマンダリン・オリエンタル・ホテル・グループに名称を変更した。2つの国にまたがる2つのホテルをフラッグシップとするチェーン名となったのである。

③ シャングリ・ラ

　もともとはマレーシア出身の中国系企業家ロバート・クオック（郭鶴年）が1971年にシンガポールにホテルをオープンさせたのが「シャングリ・ラ・ホテルズ＆リゾーツ」のはじまりである。

ブランドとしてはラグジュアリー・クラスのラインナップとしてのシャングリ・ラ以外にも、やや廉価版の「トレーダーズ」、さらに低価格帯の「ケリーホテル」、「ホテル・ジェン」というブランドを展開している。

[写真3-18] カオルーン・シャングリ・ラのロビー

[写真3-19] シャングリ・ラ・カリヤト・アル・ベリ（アブダビ）

④フォーシーズンズ

　1961年，カナダ・トロントの小さなモーターインとして開業したのが「フォーシーズンズ・ホテルズ&リゾーツ」はじまりである。カナダに本拠地のある数少ない世界的ホテル・チェーンといえる。

[ 写真3-20 ] フォーシーズンズホテル丸の内東京のエントランス

[ 写真3-21 ] フォーシーズンズホテル東京大手町のテラス

1970年代、「最高級の中規模ホテルの開発」を経営方針にしてから成長を続けている。1992年には「アマンリゾーツ」の創業者エイドリアン・ゼッカ氏も関わった「リージェント・インターナショナル」を買収し、「フォーシーズンズ・リージェント・ホテルズ＆リゾーツ」となったが、1997年には「カールソン・ホスピタリティ・ワールドワイド」にリージェントの新規ホテルに関するブランドネームの権利を譲渡し、現在の社名となった。既存のリージェントは、順次フォーシーズンズに名称が変更された。

⑤ドーチェスター・コレクション

　ロンドンの「ザ・ドーチェスター」、ロサンゼルスの「ビバリーヒルズ・ホテル」、パリの「ル・ムーリス」と「オテル・プラザ・アテネ」、ミラノの「プリンチペ・ディ・サヴォイア」といった各国各都市の錚々たるホテルを揃えているのが「ドーチェスター・コレクション」である。もともとはブルネイ投資庁が買収したホテル事業を統括するため、2006年にドーチェスター・グループとして上記5軒で発足し、その後ロサンゼルス近郊の「ベルエア」、ジュネーブの「ル・リッシュモン」、ロンドンの「45パーク・ストリート・ホテル」、ローマの「ホテル・エデン」などの超高級ホテルが加わった。

　2028年には東京にも進出予定であり、日本最高層となる「Torch Tower（トーチタワー）」の53階から58階に入居する。

[写真3-22]
ル・ムーリスのエントランス

[写真3-23] ル・ムーリスのファサード

⑥ジュメイラ・グループ

　アラブ首長国連邦を構成するドバイ首長国に本拠地を構えるのが「ジュメイラ・グループ」である。ドバイの首長であるムハンマド・ビン・ラーシド・アール・マクトゥーム氏が最高経営責任者を務めるドバイ・ホールディングスの傘下企業として，ホテルを経営している。

　1997年に設立され，同年「ジュメイラ・ビーチ・ホテル」を開業している。同社の名前を世界にとどろかせたのは，1999年に開業した「ブルジュ・アル・アラブ」だろう。完成時はホテルの建築物としての高さも世界一であったが，宿泊費も世界一クラスであった。

［写真3-24］マディナ・ジュメイラからみたブルジュ・アル・アラブ

⑦カーズナー・インターナショナル

　「カーズナー・インターナショナル」創業者のソル・カーズナーは，南アフリカのヨハネスブルクにロシアから移住した両親のもとに生まれた。同国のダーバンにあった大手会計事務所での勤務を経て，1960年にダーバンの「パレスホテル」を手に入れたことからリゾートの開発事業へと転身した。

　彼は「サザン・サン・ホテルズ」と「サン・インターナショナル」を創設し，ダーバン初の5つ星ホテルである「ビバリーヒルズ・ホテル」を開業するなど，国内中心に開発を行った後，モーリシャスに最高級リゾートの「ル・サンジェラン」を開業するなどし，ゴルフやカジノなどを含め，南アフリカやモーリシャスにおける観光の牽引役となっていった。

　1994年にカリブ海バハマの「パラダイス・アイランド・リゾート」を購入し，2,300室のリゾートにカジノや海洋施設などを備えた，カリブ最大の総合リ

[写真3-25] アトランティス・ザ・パーム

ゾートとして「アトランティス・パラダイス・アイランド」を開発した。現在は3,000室以上の客室数を誇る。

2008年にはドバイの人工島である「ザ・パーム」にも1,500室を超える巨大ホテル、「アトランティス・ザ・パーム」を建設した。アトランティスは他に海南島にもあり、ハワイにも開業予定である。

一方、2002年に「ワン&オンリー・リゾーツ」を立ち上げ、「マガザン」というリゾート・ブランドも有している。ワン&オンリーの施設は、すべてにおいて最高級であることを目指しており、バハマ、ドバイ、モルディブ、モーリシャス、メキシコ、南アフリカなどに進出している。

⑧ローズウッド

1979年、テキサス州ダラスにおいて、石油王ハロルドソン・ラファイエット・ハントJrの娘であるキャロライン・ローズ・ハントによって設立され、翌1980年にもともとは邸宅であった建物を改装して、現在の「ザ・マンション・オン・タートル・クリーク」を開業させたのが「ローズウッド」のはじまりである。その後、少しずつ施設を増やしていたが、2011年に香港を中心に事業展開する「周大福」の子会社である「ニューワールド・ホスピタリティ」が買収し、同社自体が2013年に「ローズウッド・ホテルズ&リゾーツ」となった。

ニューヨークの「ザ・カーライル」、パリの「オテル・ド・クリヨン」といっ

た施設が傘下にあることからもうかがえるように，かなりの高価格帯施設が揃っている。2023年現在，全世界で30以上の施設を展開しており，日本でもかつて「ホテル西洋銀座」を運営していたが撤退，新たに宮古島で開業を果たした。

### ⑨アマンリゾーツ

スモール・ラグジュアリーの嚆矢であり，世界の超高級リゾートの代名詞となっているのが「アマンリゾーツ」である。

創業者のエイドリアン・ゼッカ氏は，インドネシアの裕福な家庭に生まれたが，政変が生じたのち同国を離れた。シンガポールなどでジャーナリストや出版業で成功した後，香港のかつての「御三家」の1つ，「リージェント香港」（その後「インターコンチネンタル香港」となったが再度名称が戻った）を擁する「リージェント・インターナショナル」に財務担当の役員として関わった。

[写真3-26]
オテル・ド・クリヨンのエントランス

[写真3-27] アマン東京のロビー

こうした経験を活かして，1988年，タイのプーケットに「アマンプリ」を開業させたのがアマンリゾーツの第一歩である。そもそもリゾートとして開業するつもりではなく，別荘の適地を探していたが，自身が使っていないときはリゾートに，というコンセプトからスタートした。当初の客室数はわずか30室で，すべてが独立したヴィラ形式となっており，各ヴィラが115㎡もの広さを誇っていた。いずれも，既存のリゾートの常識からはかけ離れたものであった。

### ⑩バンヤン・グループ

　香港在住だったホー・クオン・ピン氏と妻のクレアー・チャン氏が，1994年にタイのプーケットにオープンしたのが「バンヤン・グループ」のはじまりである。ここはもともと不動産開発のために購入した，かつては鉱山だったボロボロの土地であった。そのため，汚染された土壌の回復に大変な苦労をし，やっといくつかのホテルを誘致することができたが，プーケットという土地柄，海から離れた場所は買い手がつかなかった。

　そこで彼らは，すべてのヴィラにプライベート・プールを設置した直営のリゾートを開業することにした。2人は，若い頃に新婚生活をスタートさせたラマ島のバンヤンツリー湾が汚染されるのを目にしていたため，エコロジー精神を実践したリゾートとして，「バンヤンツリー・プーケット」を1994年に開業するに至った。

[写真3-28] プーケットの
ダブルプールヴィラのメインプール

[写真3-29] プーケットの
ダブルプールヴィラのプランジプール

現在は，フラッグシップとなる「バンヤンツリー」以外にも，「アンサナ」，「カッシーア」，「ダーワ」，「Homm」，「ギャリア」などの各ブランドを傘下に置いている。バンヤンツリーは基本的に全室プール付きのヴィラ，アンサナはやや廉価でファミリー向け，カッシーアはさらに気軽な雰囲気であり，ダーワは長期滞在も視野に入れている。

# *3* 他事業におけるラグジュアリー

## (1) ラグジュアリー・ブランド

　ファッションや宝飾品の分野で世界をリードしているのが，「LVMH：モエ・ヘネシー・ルイ・ヴィトン」である。1987年に「ルイ・ヴィトン」と「モエ・ヘネシー」が合併して誕生した。同社の大株主であるとともに取締役会長兼CEOでもあるベルナール・アルノー氏は，1984年に「クリスチャン・ディオール」や老舗百貨店「ル・ボン・マルシェ」などの親会社であり，当時資金難に陥っていた「マルセル・ブサック・グループ」を買収してブランド・ビジネスに参入した。LVMHには1988年より資本参加し，その後，「ブルガリ」，「セリーヌ」，「ロエベ」といった著名なブランドを次々と買収して，事業を拡大した。

　こうした服飾ブランドのみならず，酒類の「モエ・ヘネシー・ディアジオ」，免税店の「DFS」なども傘下に収めて，ファッション，時計や宝飾メーカー，香水・化粧品などを扱う多様なビジネスを展開する，巨大グループを築き上げたのである。同社HPによれば，2024年時点でLVMHグループは75の高級ブランドを保有している。そして，そうしたブランドは以下の6つの事業セクターから成っている。

■ワイン＆スピリッツ
　・モエ・エ・シャンドン，ドン ペリニヨン，クリュッグ，ヴーヴ・クリコ，ルイナール，ヘネシーなど

- ■ファッション&レザーグッズ
  - ルイ・ヴィトン，ロエベ，フェンディ，セリーヌ，クリスチャン ディオール，ジバンシィ，ケンゾー，リモワなど
- ■パフューム&コスメティックス
  - パルファン・クリスチャン・ディオール，ゲラン，パルファム ジバンシィなど
- ■ウォッチ&ジュエリー
  - ショーメ，ブルガリ，タグ・ホイヤー，ゼニス，ティファニーなど
- ■セレクティブ・リテーリング
  - ル・ボン・マルシェ，DFS，セフォラなど
- ■その他の活動
  - レゼコーなど

LVMHグループは，このミッションを達成するために，次の3つのバリューが重要であるとしている。

- Be creative and innovative / クリエイティブで革新的であること
- Deliver excellence / 卓越性を届けること
- Cultivate an entrepreneurial spirit / 起業家精神を育成すること

しばしば，「グッチ」や「ボッテガ・ヴェネタ」，「ブシュロン」を擁するケリングや，「クロエ」や「ダンヒル」，「カルティエ」などを抱えるリシュモンと並び称されている。

ケリングはフランスに，リシュモンはスイスのジュネーブに本拠がある。ジュネーブはフランスの影響も大きい都市であり，ファッションやジュエリー，ウォッチといった分野におけるラグジュアリー市場は，やはりフランスとスイスの存在感がきわめて大きいことがうかがえよう。

[写真3-30] ボン・マルシェ

[写真3-31] ギャラリー・ラファイエット

## (2) 小売業

　前項で論じたラグジュアリー・ブランドは，わが国においては2000（平成12）年前後から自社直営の店舗を展開するようになっていった。そのため，ラグジュアリー市場における小売店の中心は，こうした海外ブランドの直営店となっている。

　しかし，それ以前から存在感が無視できないのが百貨店である。1852年パリで開業した「ル・ボン・マルシェ」が世界初のものとされる。パリでは1885年に「プランタン」も開業し，1893年に開業した「ギャラリー・ラファイエット」も1900年前後に本格的な百貨店となっている。

　日本では，もともと呉服店をルーツとするものと，鉄道会社が多角化を目指して設立したものに大別される。前者には三越や伊勢丹，大丸，髙島屋，そごう，松坂屋など，後者には阪急百貨店，西武百貨店，小田急百貨店，京王百貨店などが該当する。歴史的には欧州に少し遅れてのスタートとなり，1904（明治37）年の三越による「デパートメントストア宣言」が祖とされる。関西では，1925（大正14）年に開業した「阪急マーケット」を前身として，1929（昭和4）年に日本初となる鉄道会社直営の「阪急百貨店」が開業した。

　2000年代後半以降，わが国では再編が進み，5つのグループに集約された。また，大都市以外では百貨店は衰退傾向である。

## (3) 交通事業

　当然ながら，宿泊施設単体では観光客に来てもらえない。どれだけ豪華な施設ができても，その施設までの交通手段が貧相なものしかなかった場合には，高価格帯の客層に来てもらうことは難しいのである。そのため，需要側と供給側である宿泊施設を結ぶ交通機関も，非常に重要な存在である。

　陸，海，空のうち，陸か空が基本となる。海や川は移動を主たる目的とする場合には，あまり用いられないのが現状である。むしろ，海や川では，移動そのものを楽しむ方向性での「クルーズ」が，ラグジュアリー市場においては重要となってくる。

　クルーズ客船は，わが国ではこれまであまりポピュラーな存在ではなかった。しかし，ここ数年は港湾の整備も進み，海外からの寄港のみならず，日本発のツアーも増えてきつつある。

　昨今のわが国で注目を集めているのは，せとうちクルーズによる「guntû」だろう。尾道にある「ベラビスタ・マリーナ」を拠点として2017（平成29）年に就航し，瀬戸内海の島々を巡るクルーズを展開している。90㎡の「ザ・ガンツウ・スイート」（1室），80㎡の「グランドスイート」（2室），50㎡の「テラスス

[写真3-32] ホランド・アメリカ・ラインのアムステルダム号

イート」（露天風呂付2室，なし14室）といった客室を揃え，3泊4日程度で百万円前後からという価格設定となっている。

　鉄道は，第1章で詳述したクルーズ・トレインと新幹線を中心とする上級クラスの設定が目を惹く。ただし，この方向性は在来線の特急や他の私鉄にも波及しており，JR東日本による「サフィール踊り子」，近畿日本鉄道（近鉄）による「ひのとり」や「しまかぜ」など，かなりの高価格帯で移動の空間そのものも楽しむといった方向性が垣間見られるようになっている。

　航空業界に関していえば，国内の航空会社はそれほど目立った活動はしていない。やはり，これも第1章で述べた「中東御三家」や「シンガポール航空」がラグジュアリー層への訴求に注力している。ただし，空の移動においてはプライベート・ジェットやヘリコプターの活用がこうした層では中心的となる。スカイトレック以外でも，ヘリコプターのチャーターを手がける「AIROS」や「ARIAir」（アリラ）などが，遊覧飛行のみならず，宿泊施設へのアクセスなどで用いられている。

　チャーターは定期路線と比較して，プライベート空間が確保されること以外にも，時間に縛られずに自分のペースでの移動が可能になることや，航路についても自由度が高く，上空からも観光ができるといったメリットがある。わが国では規制もあるためなかなか広まりにくかったが，今後はさらなる進展も見込まれている。

## (4) その他

　プライベート・コンシェルジュ・サービスのような，食事や観劇，スポーツ観戦の手配をする主体も存在する。こうしたサービス提供会社は，世界中にネットワークも拡げているため，お客様が移動してもどこでもサービスの提供が可能になっている。また，ラグジュアリー層専門の旅行会社も多くあり，世界中で活動している。

　なお，プライベート・コンシェルジュには突拍子もないリクエストも多く寄せられるという。

- 息子に特別なバースデーを依頼…一番大好きなフットボール・チームの一番有名な選手をバースデーパーティーに呼び，息子と友人全員がその選手とサッカーの練習をした。
- 美術ガイドを手配し，2日間で8ヵ所の美術館や博物館をまわるツアーを用意した。
- 10エーカー（約4万㎡）の野原で車のカギを紛失したため，金属探知機を緊急に手配した。

　いずれにせよ，プライベート・コンシェルジュは，表面的な要素のみならず，「社会的不確実性が存在する環境で，相互信頼関係を軸としたホスピタリティ」を理解しているからこそ事業が可能であるともいえる。

　また，Forbes JAPAN編集部（2016）には，銀行と超富裕層との関係が述べられている。UBSでは，5千万スイスフラン（当時のレートで約58億円）以上の金融資産または1億スイスフラン（同・約115億円）以上の総資産を有する超富裕層を「ウルトラ・ハイ・ネット・ワース（UHNW）」と称し，さまざまなサービスの提供までしているという。この中には，当然ながら旅行に関するものも含まれる。

　最後に，ILTM（International Luxury Travel Market）についても紹介をしておきたい。これは，高価格帯の観光を扱う旅行業界の関係者が世界各国から集まる，世界最大規模かつ権威のある展示会・商談会である。そのため，必ずしもラグジュアリー・ホスピタリティの供給主体となっているわけではないが，供給主体同士を仲介するという重要な役割を果たしているといえる。カンヌ，シンガポール，ドバイ，北米や南米の都市で開催される。2023年は12月4日から7日にかけてカンヌで開催され，80か国以上から約2,300の団体が出展し，2,000名以上のバイヤーや100社のメディアが参加したという。事前アポイントが基本の商談であり，同年は8万件を超える商談が行われた。この数字は過去最高となっており，高価格帯の観光における需要の伸びを，何よりも雄弁に物語っていよう。

**► 参考文献**

鹿島茂（1991），『デパートを発明した夫婦』講談社.

山口由美（2013），『アマン伝説―エイドリアン・ゼッカとリゾート革命』文藝春秋.

山口規子（2007），『メイキング・オブ・ザ・ペニンシュラ東京』文藝春秋.

徳江順一郎（2023），「東京の高価格帯ホテルにおけるプロダクト・ミックスの変化」『観光学研究』東洋大学国際観光学部，No.22, pp.217-227.

Cunill, O. M.（2006），*The Growth Strategies of Hotel Chains ― Best Business Practices by Leading Companies*, Routledge.

Forbes JAPAN編集部（2016），「UBSの"コンシェルジュ"が語る，世界の「超富裕層」の知られざる悩み」『Forbes』（2016年3月3日）https://forbesjapan.com/articles/detail/11444.

（徳江 順一郎）

# 第4章
# ラグジュアリー・ホスピタリティ市場の構成者：需要側

著名人がお忍びで通う：金乃竹 仙石原

　第3章で検討した供給側に続き，本章では需要側について考察する。ただし，富裕層を中心とするラグジュアリー市場の客層についての詳細はは，なかなか明らかとはならないのが現実である。そこで，各種統計調査の結果を踏まえつつ，個別的には著名な富豪についてまとめることで，富裕層の時代変化と，それ以外の層の変化についても論じていく。

# *1* はじめに

　ラグジュアリー・ホスピタリティ市場の需要側を構成するのは，基本的には「お金を持っている人」というのが前提となるだろう。しかし，必ずしもいわゆる「お金持ち」ではなくとも，何かの記念日や，自分へのご褒美に，高価格帯の消費をする層も少なからずいるのもまた確かである。

　すなわち，この市場は，「お金持ち」による「普通の消費」のみならず，「普通の人」による「特別な消費」も含む可能性があるということになる。この後者には，第2章で述べたラグジュアリーの「日帰り客」などが該当しよう。

　もちろん，一定レベル以上の所得がなければ，こうした高価格帯消費が難しいのは当然である。ただし，その「一定レベル」がどこからなのか，明確な線引きをすることは困難である。それは，これも第2章でも論じたように，ラグジュアリーに対する意識は「高度に主観的」であり，人によって特定の財に対する価格感応度も異なるためである。

　こうした状況を詳細に検討するためには，参照価格理論などの援用も必要となるが，本章では，あくまで外形的な把握を中心として，個々の市場構成者に関する詳細には踏み込まないこととする。すなわち，多くを占める富裕層についての検討と，「特別な消費」の背景についてまとめる。そして，それによって，市場の全体像を大まかに把握することを目的とする。


# *2* 需要側の前提

## （1）わが国の富裕層

　需要側から眺めたラグジュアリー市場の構成員は，まずは当然ながら富裕層や準富裕層と呼ばれる人たちが該当することが推測される。こうした富裕層を定義づけるのは難しいが，ストック（保有資産）とフロー（所得）という2軸でとらえることによって，ある程度は把握することが可能であろう。

まず，ストックの観点からみていきたい。多くの識者が引用するのが野村総合研究所（2023）で，世帯における純金融資産保有額で富裕層の分類をしている。2021（令和3）年の調査によれば，**図表4-1**のとおりである。

　この分類をそのまま当てはめると，わが国には約150万世帯の（超富裕層も含む）①富裕層と，約300〜400万世帯のそれに次ぐ②準富裕層がいることがうかがえる。この①富裕層は全世帯の2.7％に該当し，②準富裕層は6％前後となる。なお，アッパーマス層は14％弱，マス層は80％弱を占めている。

　ただし，あくまでここでの①富裕層や②準富裕層は純金融資産の側面から把握された結果，すなわちストックが軸となっている富裕層ということになる。

　そこで，次にフローの面から眺めてみたい。厚生労働省（2022）によれば，わが国の世帯平均所得は約545万円であり，中央値は約423万円である（**図表4-2**）。ストックの①富裕層が2.7％程度だとすれば，上位2.4％程度を占める1,700万円以上または上位2.9％の1,600万円以上の階層が，フローにおける富裕層（A）の目安となりそうである。なお，1,100万円から1,600万円が6.6％であるため，ストックの②準富裕層とほぼ一致する。なお，800万円以上1,100万円未満は12％弱，800万円未満は80％弱となり，ストックのアッパーマス層，マス層にそれぞれ匹敵している。

　この点から，少なくともわが国においては，上位2〜3％程度の①富裕層（A），6％前後の②準富裕層（B），13％前後のアッパーマス層，80％弱のマス層によって構成されている，といえそうである。

[ 図表4-1 ] 純金融資産保有額の階層別にみた保有資産規模と世帯数

| | | 純金融資産保有額 | 世帯数 | 総資産規模 |
|---|---|---|---|---|
| ① | 超富裕層 | 5億円以上 | 9.0万 | 105兆円 |
| | 富裕層 | 1億円以上5億円未満 | 139.5万 | 259兆円 |
| ② | 準富裕層 | 5,000万円以上1億円未満 | 325.4万 | 258兆円 |
| ③ | アッパーマス層 | 3,000万円以上5,000万円未満 | 726.3万 | 332兆円 |
| ④ | マス層 | 3,000万円未満 | 4,213.2万 | 678兆円 |

出典：野村総合研究所（2023）。

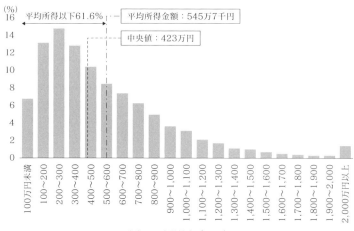

[図表4-2] 所得金額階級別世帯数の相対度数分布

出典：厚生労働省（2022）

　ただし，もちろん，この両者の階級に所属するのが，必ずしも同じ世帯であるとは限らない。フローが多くてもストックは持たない（いわゆる「宵越しの金は持たない」人）という層もいるだろうし，逆に，先祖代々の資産を守ることに注力し，フローの額面は必ずしも大きくはないという層もいるだろう。いずれも，ストックとフローとが「ズレ」ている層である。

　しかし，例えば先祖代々の資産のみを守っているといった人は，少なくともわが国では「土地持ち」を除けば多くないと推測されるなど，「ズレ」層が多くを占めているとは思えないし，双方の上位を比較した場合に同様の比率を示していることから，全体の傾向は表しているといえるのではないだろうか。

[図表4-3] わが国のフローとストックにおける階層構造

| 2～3% | 6%前後 | 13%前後 | 80%弱 |
|---|---|---|---|
| 富裕層 | 準富裕層 | アッパーマス | マス |

出典：著者作成。

## (2) 観光における富裕層

日本政府観光局（JNTO）によれば，観光における富裕層とは，1人1回当たり100万円を消費する層であるという。確かに，観光にそこまでの金額を消費できる層は限られるだろう。事実，一生に一度の観光といえる新婚旅行でも，首都圏の場合には2人で平均53.4万円となっており，1人1回100万円には遠く及ばない（リクルート（2023）より）。ただし，このなかには150万円以上かけたというカップルも4.3％おり，その点からは，富裕層か，あるいは準富裕層の一部であることが推測される。

しかし，JNTOの基準では，2人の場合には200万円の消費でやっと高付加価値観光になるわけであるから，わが国における一生に一度の旅行である新婚旅行でさえも，ほとんどの場合には遠く及ばないことは理解できよう。その意味からも，やはりインバウンドで多くのお金を落としてくれる富裕層の存在は非常に大きいといわざるをえない。

実際，JNTOの調査によれば，米英独仏豪5カ国の旅行者のうち，富裕層は1％程度であるが，消費額は13％を超えるという調査もある（図表4-4）。

ただし，その市場を構成する人々の正体はあまり明らかではなく，断片的な情報が入ってくるのみである。

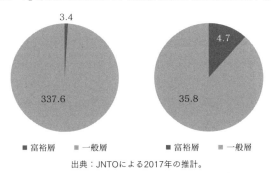

[図表4-4] 米英独仏豪5カ国の旅行者数と消費額（百万人，兆円）

出典：JNTOによる2017年の推計。

# *3* 世界の富裕層

　富裕層は，時代によっても変化してきている。封建社会では王侯貴族や武士・公家といった特権階級が該当したであろうが，市民社会ではビジネスにおける成功者たちが中心となる。

　富裕層といってまず思い浮かぶのは，ヨーロッパにおけるロスチャイルド家や，米国におけるロックフェラー家などだろうか。あるいは，マイクロソフト創業者のビル・ゲイツ氏や，バークシャー・ハサウェイのウォーレン・バフェット氏，アップルの創業者であるスティーブ・ジョブズ氏，PayPalやスペースXの創業者であり，テスラの会長就任，Twitterの買収などで有名なイーロン・マスク氏など，さまざまな著名人のことが頭をよぎるだろう。それぞれ，簡単に説明する。


## （1）ロスチャイルド家

　同家の創業者に相当するマイヤー・アムシェル・ロートシルト（英語読みではロスチャイルド）はユダヤ人であり，フランクフルト周辺で貴族相手に金融業を営んでいた。18世紀後半頃に銀行業を確立し，5人の息子たちにロンドンやパリなどの銀行を遺した。

　両都市に拠点を置くそれぞれの家はその後も残り，現在に至るも世界の金融界に一定の影響力を及ぼしているという。また，ワインとの関わりも有名であり，「シャトー・ムートン・ロートシルト」はロンドン家の3男ネイサンのさらに3男であるナサニエルが1853年に，「シャトー・ラフィット・ロートシルト」は，パリ家の5男ジェームズが1868年に購入したものである。


## （2）ロックフェラー家

　創業者といえるジョン・デイヴィソン・ロックフェラー（シニア）は，ニューヨーク州の貧しい家に生まれた。1855年，16歳のときにメーカーで簿

記助手の仕事をしはじめ，1859年にやはりメーカーを創業，1865年に精油事業を買収している。

1870年にはスタンダード・オイルを発足させたが，その後立て続けに買収を繰り返して市場支配力を強化していった。しかし，1880年代以降，世界中で油田が開発されると，スタンダード・オイルは徐々に拡大志向を抑えるようになっていき，その後の同家は，主として慈善事業や不動産，金融の世界で著名な存在となっていく。

## (3) ビル・ゲイツ氏

1955年，シアトルで生まれ，1975年にマイクロソフトを創業した，あまりに有名な現代を代表する富豪である。1977年に正式にマイクロソフトがスタートし，1980年のIBMによるPC業界参入に際して，OSとしてPC-DOSを納入し，これをMS-DOSとして販売したことが，現在の基礎となっている。1985年にWindowsが発売され，そこからの躍進は周知のとおりである。

『Forbes』の「世界長者番付（The World's Billionaires)」で，1994年から2006年まで，13年連続世界一を保持していた。ただし，2000年代以降は慈善事業に傾注している。

## (4) イーロン・マスク氏

意外かもしれないが，同氏の生まれは南アフリカ共和国の首都・プレトリアである（1971年）。米国に憧れを抱き，まずは1989年にカナダに移住した。1991年に米国に移り，1995年，スタンフォード大学大学院に在学中，Zip2という会社を起業したが，同社は1999年にコンパックに買収されている。

1999年，後にPayPalのサービスをローンチすることになるX.comを設立した。2002年に同社はeBayに買収されたが，この際に約12%弱の株式を保有していたマスク氏は約200億円を手にした。

その後は，宇宙進出計画のためのスペースX社を設立したり，電気自動車の開発企業であるテスラ社に出資したりしていたが，大きな話題となったのは，

2022年のTwitter社の買収だろう。2021年には世界一の富豪という称号を手にしている。

## （5）その他の富裕層

　他に海外の富裕層といえば，まずは中東の富豪が思い浮かぶだろう。ただし，彼らの多くは，基本的には王族とその関係者が中心的な存在となる。

　その中でも，サウジアラビアのアルワリード王子（アル゠ワリード・ビン・タラール・ビン・アブドゥルアズィーズ・アール・サウード）の存在感は大きい。アブドルアジズ初代国王の息子であるタラール殿下の長男であるが，タラール殿下が若い頃の行状により王位継承権を放棄したため，ビジネスの世界に身を投じている。

　ゼネコンから事業をスタートし，次に海外企業との合弁事業を成功させ，そこで蓄えた富を投資事業に向けて成功している。中心的存在のキングダム・ホールティング・カンパニーは，アップルやシティグループ，コカ・コーラといった著名企業の他に，フォーシーズンズ・ホテルズ＆リゾーツ，フェアモント・ラッフルズなどの大株主でもある。

　他にも，第3章でも説明したLVMHのベルナール・アルノー氏も『Forbes』の「世界長者番付」の常連である。また，ロシアや中国には，想像をはるかに超える富豪がいるといわれるが，その実態は不明な点が多い。

# *4* 日本の富裕層

　近世・近代の日本におけるかつての富裕層は，一代で企業を築いた起業家とその子孫が中心であった。三井財閥・三井グループの創始者である三井高利，三菱グループの創業者・岩崎弥太郎，西武（鉄道）グループを発展させた堤康次郎とその子孫である堤清二・義明氏（堤清二は，後に西武流通グループ→セゾングループを展開），松下電器・パナソニックの松下幸之助や，その後の時代ではリクルートの江副浩正，ソフトバンクの孫正義氏，ホリエモンこと堀江貴

文氏，前澤友作氏といった人たちが代表格であろうか。

　とはいえ，こうした富裕層も，やはり時代によって差異がある。一例として，富裕層との距離感とそうなるまでの期間と手段で考察してみたい。三井，岩崎，堤，松下や江副らは何十年という歳月をかけて富を築いた「ごく一握り」の「きわめて優秀な起業家」という存在感が大きい。しかし，以降の富裕層は必ずしもそうではない。ホリエモンは，その呼称が象徴するようにより近い存在であるし，他の人も含め，短い場合には数年でかつての富裕層以上の富を築いている。そして，その手段としては，起業のみならず，投資も含まれる。そこで，彼らの足跡を，もう少し詳しくみていきたい。

## （1）三井高利

　三井高利（以下，「高利」という）は，1622（元和8年）年，伊勢国松坂で，三井高俊の四男として生まれた。若い頃から商才を発揮し，兄たちに恐れられるほどだったが，「越後屋」という屋号の呉服店を開業したことが1つの転機となっている。これが後の「三越」（現：三越伊勢丹ホールディングス）となる。

　それまでの呉服店は，代金は後日の掛け（ツケ）払いで，定価がなく客との交渉での駆け引きで売値を決める方法であった。また，売買単位は1反単位で，得意先で見本をみせて売る方法が一般的であった。ここで高利は，現金払いでの定価販売，すなわちかの有名な「現金掛値無し」，必要な分だけの反物の切り売り，店頭で，現金を持っている人なら誰にでも販売する店前（たなさき）売りなどの新商法を導入して成功した。

　この方法は呉服業界においては1つのイノベーションである。お客様に現金支払いを要求する一方で，良質な商品を必要な分だけ安価で販売したため，客側にとっても便利な仕組みだった。ただ，それまでの呉服店間でのルールに反するため同業者から迫害されたこともあり，店舗の位置を江戸本町から駿河町に移転している。しかし，側用人・牧野成貞の推薦によって幕府御用達の商人となってからは，幕府御用達店への攻撃は幕府に対する非礼に当たるため，こうした動きは影を潜めるようになった。

　店を駿河町に移転後，両替商（三井両替店・現在の三井住友銀行の源流）も

開業した。高利は両替店を活用した為替でも才能を発揮し，幕府の御用為替方を引き受けるようになった。1694（元禄7）年に73歳で死去したが，息子たちや娘夫婦たちに複数の分家を創設させ，遺産はそこで共有するとした。

## (2) 岩崎弥太郎

　岩崎弥太郎（以下，「弥太郎」という）は，1835（天保5）年に土佐国安芸郡井ノ口村の浪人・岩崎弥次郎の長男として生まれた。1855（安政2）年に，父が酒席での庄屋との喧嘩により投獄されたことから奉行所に訴え出たが，証人は庄屋の味方をしたことから自身も投獄されてしまった。ところが，獄中で同房の商人から算術や商法を学んだことが，後に商業の道に進むことにつながっている。出獄後に村を追放されたが，1858（安政5）年に少林塾に入塾し，後藤象二郎らの知遇を得ることになる。その結果，藩吏の一員として長崎に派遣されることになった。

　1867（慶応3）年頃，土佐藩は開成館長崎商会を窓口に欧米商人と取引を開始したが，弥太郎はその主任を務めることになる。

　1869（明治2）年に土佐藩は土佐開成社（後の九十九商会）を立ち上げ，弥太郎は事業監督を担当することになった。1871（明治4）年には九十九商会の経営者となり，藩船3隻の払い下げを受け，貨客船を運航した。その後，1873（明治6）年，三菱商会へ社名変更，翌年に本店を東京日本橋に移し，三菱蒸汽船会社へ社名変更をし，岡山県の吉岡銅山を入手した。これが現在の三菱マテリアルにつながる。

　また，政府が紙幣貨幣の全国統一に乗り出した際に，各藩が発行していた藩札を新政府が買い上げることを事前に察知した弥太郎は，10万両を調達して藩札を大量に買い占め，新政府に買い取らせることで莫大な利益を享受している。このあとも，台湾出兵時や西南戦争時の軍事輸送を引き受けたり，政府からの船舶無償供与を受けたり，高島炭鉱や長崎造船所を買い取るなど，明治政府との関係が軸となって，業容が拡大していくことになる。1885（明治18）年に弥太郎は50歳で亡くなっている。

## (3) 堤康次郎

堤康次郎（以下，「康次郎」という）は，1889（明治22）年に滋賀県愛知郡の農業兼麻仲買商・猶次郎の長男として生まれた。4歳で父を失い母が実家に戻されたため，康次郎は妹とともに祖父母に育てられた。

祖父母も亡くなった後，1909（明治42）年に上京し，早稲田大学政治経済学部に入学した。1913（大正2）年に大学を卒業し，大隈重信が主宰する政治雑誌『新日本』の経営に参画した。この縁で，立憲同志会が結成されると創立委員になり，後藤新平や財界の大物であった藤田謙一とも知己を得ている。

しかし，『新日本』などの事業は不調だったため，不動産事業に乗り出し，1915（大正4）年に沓掛村（現：中軽井沢周辺）の村有地購入を打診し，1917（大正6）年に分譲会社の千ヶ滝遊園地㈱を設立した。ここであげた収益をもとに，1919（大正8）年，箱根の強羅で10万坪を買収し，箱根土地㈱（後の㈱コクド，現：㈱プリンスホテル）を設立した。その後，皇族や華族の邸宅を買収し，住宅地として分譲して成長した。戦後には「プリンスホテル」も開業させている。1964（昭和39）年に75歳で死去した。

## (4) 松下幸之助

松下幸之助（以下，「幸之助」という）は，1894（明治27）年に和歌山県で生まれた。1899（明治32）年頃に父が米相場で失敗して破産したため，一家で和歌山市に転居した。尋常小学校を4年で中退，9歳で宮田火鉢店に丁稚奉公したが，後に奉公先を五代自転車に変更している。

大阪の路面電車をみて電気の仕事を志すことにし，16歳で大阪電灯（現：関西電力）に入社した。当時は自宅に直接電線を引くスタイルのため，電球の取り外しも専門知識が必要な危険な作業であったが，簡単に電球を取り外せる電球ソケットを考案して成功している。大阪府東成郡鶴橋町（現：大阪市東成区）の自宅で，妻とその弟の井植歳男（戦後に三洋電機を創業），そして友人も一緒に，ソケットの製造販売に着手した。

1950（昭和25）年以降，長者番付で10回全国1位に輝き，40年連続で全国

100位以内にランクインしている。1989（平成元）年に松下記念病院にて94歳で死去した。

## （5）江副浩正

江副浩正（以下，「江副」という）は，1936（昭和11）年に愛媛県で生まれた。一家は大阪市天王寺区上本町に移ったが，戦災で家を失い，豊中市の借家に移転し，甲南中学・高校に進学した。

東京大学在学中に（財）東京大学新聞社で営業を覚え，リクルートの前身となる㈱大学広告を設立した。同社は，大学新卒者向けの「企業への招待」（リクルートブックの前身）を発行し，求人広告という業界の地位を大きく向上させた。その後，不動産，旅行，転職情報などにも進出している。

1992（平成4）年，ダイエー（現：イオン）はリクルート株の約10％を取得して傘下に収め，江副は約400億円の売却益を得た。2013（平成25）年に76歳で死去している。

## （6）柳井正氏

1949（昭和24）年に山口県宇部市で生まれた。叔父である柳井政雄が経営する会社の繊維・洋服部門を父の柳井等が任されたのが，「ユニクロ」を展開するファーストリテイリングの前身である小郡商事のはじまりである。

1984（昭和59）年に同社の社長に就任し，オリジナルのカジュアルウェアを開発してヒットを連発し，同社を世界展開する企業に育て上げた。当時の同業他社で成長した企業の多くは紳士服の郊外型店舗を続々と展開していたが，後発ということもあり，競争を避けて日常向けのカジュアルな商品を展開したことが功を奏したといえよう。

2023（令和5）年における『Forbes』の「日本長者番付（Japan's 50 richest）」で1位を獲得している。

## (7) 孫正義氏

　1957（昭和22）年，在日韓国人実業家の二男として佐賀県で生まれた。1973（昭和48）年に久留米大学附設高等学校に入学したが，司馬遼太郎の『竜馬がゆく』を読み，「脱藩」に憧れて渡米を決意し，夏休みを利用して米国カリフォルニア州で4週間の語学研修に参加をした。

　翌1974（昭和49）年に高校を中退して渡米し，米国ホーリー・ネームズ・カレッジの英語学校から，サンフランシスコ・セラモンテ高等学校に編入，高校卒業検定試験に合格し高校を3週間で退学して，1975（昭和50）年には米国ホーリー・ネームズ・カレッジに入学した。さらに，1977（昭和52）年にカリフォルニア大学バークレー校（UCB）経済学部の3年生に編入もしている。

　1979（昭和54）年に，シャープに自動翻訳機を売却して得た資金1億円を元手に，米国でソフトウェア開発会社の「Unison World」を設立するなどしている。1980（昭和55）年にUCBを卒業して日本に帰国し，1981（昭和56）年にはコンピュータ卸売事業の日本ソフトバンクを設立した。

## (8) 堀江貴文氏

　1972（昭和47）年に福岡県で生まれた。孫正義氏と同じく久留米大学附設中・高等学校を卒業後，東京大学文学部に進むが，1996（平成8）年に有限会社オン・ザ・エッヂを設立し，大学は中退した。

　この頃は，ちょうどインターネットが普及しはじめた黎明期であり，ホームページの制作や管理運営をする会社として注目され，さまざまな一流企業のサイト制作を請負った。

　2000（平成12）年に東証マザーズに上場し，2002（平成14）年に経営破綻した旧ライブドアから営業権を取得し，ライブドアへと社名変更した。2004（平成16）年にプロ野球球団・大阪近鉄バファローズ買収に名乗りをあげたが，拒否されると東北に新球団を設立する計画を発表し，これには楽天が参入した。2005（平成17）年にニッポン放送の株を35％取得して筆頭株主になり，フジテレビジョンとの係争となったことは世間の耳目を集めた。

## (9) 前澤友作氏

　1975（昭和50）年に千葉県で生まれた。早稲田実業高校に進学したが，2年生からは音楽活動が中心になっている。実際，1993（平成5）年，早稲田実業学校在学中にインディーズバンドSwitch Styleを結成し，EP（後にCD化）をリリースまでしている。1995（平成7）年，輸入レコード・CDの通販ビジネスを開始し，1998（平成10）年に有限会社スタート・トゥデイを設立した。

　2007（平成19）年，株式会社化して名称変更した㈱スタートトゥデイが，東京証券取引所マザーズに上場し，2016（平成28）年には『Forbes』の「日本長者番付」で14位にランクインしている。

　以上，存命の方も含め，9名の生涯（存命者は資産を築くまで）をまとめた。興味深いのは，政治との結びつきがポイントとなった時代もあるが，その他の多くはいずれも，ビジネスにイノベーションを起こし，その結果として事業が成功し，富裕層に上り詰めたということである。加えて，株式市場への上場など，なにがしかの形で投資が関係している点にも注目したい。ただし，行き過ぎて事件を引き起こしてしまったケースもあることは付け加えておく。


# 5　富裕層の形成と時代変化

## (1) 富裕層の形成プロセス

　こうした富裕層が形成されていくプロセスを歴史的に眺めると，これまでの富の急増は，以下の3つの条件が揃った際に生じることがわかっている。

- 新技術の開発・活用
- 投機市場の台頭
- 自由市場と高所得者に寛容な政府の存在

ここで，米国の事例を通じてこの点を理解したい。第2次世界大戦までの間で富裕層が形成された流れをみていこう。

初めて米国で富裕層が急増したのは，南北戦争後の「金ピカ時代」である（1865年頃から1873年頃まで）。この時代には，新技術であった鉄鋼，石油，鉄道の成長と，全国規模に展開した銀行と株式相場の発達，そして自由市場推進派議員の存在があった。

米国における1800年代半ばの最富裕層の資産額は1,000万〜2,000万ドル程度だったのが，1900年代初頭には2,000万〜3,000万ドルに上昇している。また，資産100万ドル以上の富裕層は約4,500人だったと推定される。なお，このうち，前出のスタンダード・オイル創始者であるジョン・デイヴィソン・ロックフェラーの資産額は10億ドル以上だったという。

次の波は1920年代である。第1次世界大戦特需と旺盛な民間消費の伸びがポイントになっている。資産額100万ドル以上の富裕層は，1921年に5,000人〜7,000人程度であったのが，1929年の大恐慌直前には2万5,000人〜3万5,000人程度にまで増えている。

一方で，第2次世界大戦後，特に1950〜1960年代になると，広く一般に富が行き渡ったことで，富裕層はむしろ比率的には減少したという。実際，米国全体の資産において資産額上位1%の富裕層が保有する比率は，それ以前の約48%から1970年代半ばから後半にかけて，20%強にまで落ちている。

そして，1980年代になると，情報技術の革新，資本市場の発達，規制緩和が進み，富裕層は再び増加するようになる。やはり上位1%の富裕層が保有する比率は，1989年に30%だったのが，33%に上昇した。この要因としては，低金利と世界的な貯蓄増加，そしてそれらがボーダーレスにやり取りされる環境が整ったことで，世界的に過剰な流動性が創出されたことが大きい。その結果として，より高金利での運用を望む資金がヘッジファンドやベンチャーキャピタルに流れ，最終的に個人にも流れ込んだことが大きな要因である。

一方で，中東では少し状況が異なる。前田（2008）によれば，サウジアラビアで豪商が生まれた時期は，3期に分けることができるという（**図表4-5**）。

第1期では，世界中から来訪するメッカやメディナへの巡礼者を相手とした両替商や宿泊事業者，土産物屋などが中心となった。これらはその後，サウジ

[図表4-5] サウジアラビアの富裕層形成

| | | |
|---|---|---|
| 第1期 | サウド家がアラビア半島を平定する前（プレ・サウド期） | ジェッダを中心に巡礼者を相手とする商売で財を成した商人たち |
| 第2期 | サウド家のアラビア半島平定後（ポスト・サウド期） | アラビア半島全域に商圏を拡げた商人たち |
| 第3期 | 石油が発見され，アラムコ社（現：サウジアラムコ社）が石油生産をスタートして以後（ポスト・アラムコ期） | 同社の下請けとして発展した商業・運輸・建設業者 |

出典：前田（2008）。

アラビアを代表する銀行や百貨店などに成長していくことになる。

第2期では，自動車や家電の代理店が勃興した。海外からの輸入が急増した結果，ブランド力のある海外企業の代理店となった企業が発展していった。

第3期では，サウド家のいわゆる「御用商人」であるゼネコンやアラムコ社の下請け事業をきっかけに財閥となったグループが台頭した。

すなわち，第1期は一般的なビジネスの成功がポイントとなっているが，第2期以降は，政治的な結びつきが重要なポイントになってきている。

また，同じ中東で「お金持ち」といえば，アラブ首長国連邦のドバイを抜きにしては語れないだろう。ただ，ドバイもオイル・マネーで潤っているようにみえるが，実際にはもう少し違う視点からみる必要がある。

実際にはドバイの産油量は多くはなく，むしろ，他の産油国からの投資の受け皿となっている側面が大きい。こうした産油国のオイル・マネーは，かつては米国債などで運用されてきたが，2001年9月11日の米国同時多発テロが発生してから，この資金が引き揚げられ，その受け皿としてドバイでのさまざまな開

[写真4-1]
ドバイの象徴「バージュ・ハリファ」

出典：著者撮影。

発が注目されたのである。実際，ドバイでは多くのファンドも組成され，まさにその資金で開発が進められている。

　同様の方向性はアブダビ，カタール，クウェートなど中東諸国で散見される。いずれも，政府が中心となってファンドを組成している。アブダビ投資庁，カタール投資庁，クウェート投資公社など，ソブリン・ウェルス・ファンドとよばれるファンドが該当する。


## (2) 現代の富裕層と波及効果

　以上のようなプロセスを経て富裕層が形成されたわけであるが，この層は次の5パターンに分けることができる。


　　①企業の創業者
　　②未公開時に取得していた株主
　　③被買収企業の起業家／株主
　　④資金移動の関係者
　　⑤高額給与所得者


　ここで，④の資金移動の関係者とは，ファンドや投資銀行の関係者のことである。また，⑤の高額給与所得者は，わが国ではあまり多くはないが，米国では数千万〜数億ドルの報酬を手にする経営者も多い。

　そして，中東や中国などでは，これに⑥政府関係者という存在も加わってくることになるのだろう。

　現代の富裕層（ニュー・リッチ）を知るポイントとしては，富裕層となりラグジュアリー市場へと足を踏み入れることが，「ごく一部の起業家以外は一生不可能」ではなくなっている，ということが挙げられる。ふとしたきっかけで，かつ短期間に富裕層の仲間入りをする人が増えているということでもある。特に，①や②，③などはその可能性が高い。そうなると，ニュー・リッチは，かつての富裕層（オールド・リッチ）とは異なる欲求を持ち，そしてまたかつてとは異なる市場を形成しているとも考えられる。

オールド・リッチとは異なるニュー・リッチのことを，Robert Frankは
"Richstan"（リッチスタン）と呼んでいる。日本の富裕層も昔は政商的な側面
があったことに象徴されるように，国家という単位に縛られていた存在であっ
た。しかし，ニュー・リッチは，特定の国に縛られることなく世界中を行き来
し，あたかも「富裕国」というバーチャル国家の住民であるかのようにとらえ
た表現である。いわば，「富裕国」の「富裕人」であるともいえる。

　階級社会においては，下位の階級の人々は上位の階級には一生縁がなかっ
た。その環境においては，上位階級の豪奢な生活の一端に触れられる下位階級
の人間は限られており，富裕層の消費活動の直接的な他層への波及は限定的で
あった。しかし現代では階級も撤廃され，明日はもしかしたら自分も富裕層に
なれるかもしれないという側面もある。また，かつては何十年という年月をか
けて富を築いていたが，現在ではそれよりはるかに短期間で，オールド・リッ
チをはるかに超える富も築けるようになっている。その手段は，起業のみなら
ず，投資なども含め，多岐にわたっている。

　そして，経済成長とともに，富裕層の消費スタイルの一部に，他の層の人た
ちも参加することさえできるようになってきた。高価格なホテルや高級レスト
ランも，富裕層のみが利用するわけではない。このような環境の方が，富裕層
の意思は拡散しやすいということになる。すなわち，憧れられる存在でありな
がらも，比較的身近な存在であり，場合によっては直接（X（旧：Twitter）な
どのSNS経由で）コミュニケーションもできるわけである。

　つまり，そもそも現代は，富裕層となることが「ごく一部の人以外は一生不
可能」ではないうえ，過去と比較してはるかに距離が近くなっており，国家と
いう枠にはとらわれない存在になっているということである。

　Richistanの消費の一例をみてみよう。


　プライベート・ジェットで世界各国を巡り，多様な資産運用をしつつ，
FacebookやXで自身のプライベートをさらけ出している。

　Google検索やInstagramでみて選んだワインは，タワマンの最上階にある
自身の部屋あるいはパーティールームで開催される毎週のパーティーで友人
と楽しむために，カリフォルニアにプライベート・ジェットを飛ばして買っ

てきたものであり，そのパーティーでの話題は，各国での投資情報やアンチエイジングに関する情報である。場合によっては，やがてPT（パーマネント・トラベラー）となるべく自宅をいつ売るかの議論も聞こえてくる。

ワインを飲まない人もいるが，彼らの多くはフェラーリやポルシェを自分で運転してきたためであり，誰も運転手付きの黒塗りの車などでは来ていない。中には，プジョーやBMWの自転車を自身で駆って来た人もいるようだ。

…いかがだろう。こうした消費は，「昭和」の富裕層とはだいぶ異なっているのではないだろうか。

ただし，オールド・リッチのような消費がもはやまったくないというわけではない。プライベート・ジェットは現代を象徴しているが，ヨットやクルーザー，超高級車などの市場は，今も変わらず富裕層によって成立しており，他層への影響は希薄である。こうした変化を並べると，**図表4-6**のようになる。

そんな富裕層も，いつまた急速に没落するとも限らないという恐怖からは逃れられない。オールド・リッチは土地，不動産，生産設備といった有形資産を中心に資産形成していたが，ニュー・リッチは，資産の大部分が株式など変動性の高い資産である。このことも，そうした風潮に影響を及ぼしている。

なお，Forbes JAPAN編集部（2016）によれば，ファミリービジネスの実に90%が創業後3代で消えてなくなるという。その原因は大きく3つある。1つ目は国の税制の改正にともなう課税強化，2つ目はマクロ経済環境の変動，3つ目として最も重要なのは，資産の継承にともなって起こる消失のリスクである。ファミリービジネスでは家族が助け合いながら成長するが，3世代目くらいになると，一族の人数が20人，30人と増えるため，ファミリービジネスの核となる価値観をすべてのメンバーで共有できなくなる。中には「ブラックシープ（黒い羊＝厄介者）」も出てくる。

こうしたニュー・リッチによる富裕層市場に対するホスピタリティは，「どんな要求にも応える」「最高のおもてなし」ではない。その勘違いがなくならない限り，「日本のホスピタリティ」は「日本ローカル」のホスピタリティのままといえよう。むしろ，「突拍子もないこと」がリクエストされる傾向さえあるようだ。第3章で紹介した「プライベート・コンシェルジュ」を参照されたい。

[ 図表4-6 ] かつてと現代の富裕層を語るキーワードの変化

| かつてのキーワード | 現代のキーワード |
|---|---|
| ファースト・クラス | プライベート・ジェット |
| ワリコー／ゴルフ会員権 | 資産運用／ポートフォリオ |
| テレビ／新聞 | Facebook／X（旧：Twitter）／Instagram |
| 秘書による調査 | Googleで検索 |
| ブランデー | ワイン |
| リゾートマンション／高級旅館 | スモール・ラグジュアリー・リゾート |
| 広壮な一戸建て | タワマン |
| ホテルで宴会／銀座のクラブ | ホームパーティー |
| 健康 | アンチエイジング |
| 海外旅行 | PT（パーマネント・トラベラー） |
| 黒塗りのセンチュリー／ベンツ | フェラーリやポルシェ |
| 自転車なんか乗らない | プジョーの自転車 |
| 華麗／豪奢 | シンプルモダン |

出典：著者作成。

　一般とは異なるラグジュアリー市場のニーズとは，すなわち「意外性」に対して非常に重きを置いているということである。つまり，「驚き」を得られるのであれば，いくらでも支払うという傾向がある。

　そしてまた「不安感」もあり，最大の関心事は，株式などの証券投資や不動産も含む投資情報，そして健康に関することであり，経済的利益以外を目的とした，例えば慈善活動に対する意欲もきわめて旺盛になってくることになる。これは，不安感から来る行動でもありながら，一方で顕示的な要素もあることは否定できないだろう。


# *6* 準富裕層とラグジュアリーの「日帰り客」

　こうした富裕層を一言で表現するなら，憧れられる存在ながら比較的身近で，直接話もできるということになる。そうなると，それに準ずる準富裕層や，ラグジュアリーの「日帰り客」なども，なにがしかの影響を受けていることになる。

確かに，プライベート・ジェットは難しいかもしれないが，移動はビジネス・クラスという層もいるだろうし，新婚旅行や退職記念の旅行，あるいは年に1回のご褒美旅行でビジネス・クラスに乗る層もいるだろう。自身が住んでいるタワマンの上層階に，富裕層が住んでいるという人もいるだろう。

モノの消費でも同様で，自動車や腕時計，鞄や靴などに，相当な金額を支払う人も多い。それらは，富裕層が好むブランドと同じであるケースも存在する。

現代のラグジュアリー市場を検討する際には，このような層も加える必要がある。というよりも，むしろ人数的にはボリューム・ゾーンとなるこの層の購買なくして，実際にはラグジュアリー市場を維持することも難しいとさえいえる。

ホテルに視点を戻せば，宿泊やメインのレストランは高すぎて無理だとしても，アフタヌーンティーであれば手が届く価格であり，ラグジュアリーな雰囲気も味わえるという点がポイントとなる。事実，都内のラグジュアリー・ホテルでは，若い方々が大勢「ヌン活」を楽しんでいる姿を目にする。

そうなると，ラグジュアリー・ホスピタリティを検討していくうえでは，単に富裕層のみを対象としたビジネスを意識していればいいわけではないことが理解できよう。準富裕層はもちろん，「日帰り客」も含めることが前提となるわけである。

➡ **参考文献**

飯岡美紀訳（2007），『ザ・ニューリッチ―アメリカ新富裕層の知られざる実態』ダイヤモンド社．
　（Frank, R.（2007），*Richistan; A Journey Through the American Wealth Boom And the Lives of the New Rich*, Crown Business.）
臼井宥文・光文社ペーパーバックス編集部（2008），『ニュー・リッチの王国―本当の豊かさとはなにか？』光文社．
遠藤功（2007），『プレミアム戦略』東洋経済新報社．
北村剛史（2016），『ホテル・ダイナミクス―個人消費時代に抑えておくべき新たなホテル力学』オータパブリケイションズ．
厚生労働省（2022），「2022（令和4年）国民生活基礎調査の概況」．
中野香織（2021），「ラグジュアリーとは何か。「言葉」と「歴史」から考える」『Forbes Japan』（2021年1月21日）https://forbesjapan.com/articles/detail/39357.
野村総合研究所（2023），ニュースリリース「日本の富裕層は149万世帯，その純金融資産総額は364兆円と推計～富裕層の世帯数と純金融資産総額の増加傾向は継続，将来の富裕層候補の起業家に

は 金 融 機 関 の 支 援 が 期 待 さ れ る ～」（2023 年 3 月 1 日）https://www.nri.com/jp/news/newsrelease/lst/2023/cc/0301_1.

深井晃子（2009），「ラグジュアリー／ファッションの欲望」『ラグジュアリー：ファッションの欲望展図録』http://www.kci.or.jp/research/dresstudy/pdf/Fukai_Laxury_in_Fashion.pdf（2023 年 7 月 30 日閲覧）．

前田高行（2008），『アラブの大富豪』新潮社．

リクルート（2023），「ゼクシィ結婚トレンド調査 2023」．

Forbes JAPAN 編集部（2016），「UBS の "コンシェルジュ" が語る，世界の「超富裕層」の知られざる悩み」『Forbes』（2016 年 3 月 3 日）https://forbesjapan.com/articles/detail/11444.

Forbes JAPAN 編集部（2020），「LVMH 会長ベルナール・アルノーとは何者か?」『Forbes』（2020 年 2 月 5 日）https://forbesjapan.com/articles/detail/32130.

（德江 順一郎）

# 第 5 章
# ラグジュアリー・ホスピタリティ市場の構造

ドーハ・ハマド国際空港にあるカタール航空のアル・ムルジャン ビジネスラウンジ

　第3章と第4章で供給側と需要側の主体について検討したことにより，いくつかの特徴点が浮き彫りになった。これらを俯瞰して眺めることで，ラグジュアリー・ホスピタリティ市場の構造について，ある程度，全体像をつかむことが本章の目的である。

# *1* はじめに

　供給側と需要側とを整理してわかってきたことは，供給側に関してはある程度プレイヤーの限定が可能であるという側面と，逆に需要側においては複雑な市場構造が推測されるということである。

　供給側では市場を細分化して，各市場細分に対して差別型マーケティングあるいはラグジュアリーに特化した集中マーケティングを展開している傾向が見受けられた。一方，需要側では，主たるターゲットとなる層の，時間軸による欲求の変化と，散発的にラグジュアリー市場へと足を踏み入れる層の存在がポイントになる。特に後者に属する「日帰り客」をも含むラグジュアリー・ホスピタリティ市場の検討は，従前の考察からは抜け落ちてしまっていた部分でもあり，改めて，これを含めた分析も必要とされよう。

　そこで，時間軸や消費場面によって異なる消費構造も考慮に入れて，ラグジュアリー・ホスピタリティ市場の構造を把握する。加えて，遠藤（2007）による「プレミアム」というキーワードの研究成果と，それ以外のマーケティング論で研究されてきた成果も援用して，市場把握のための整理をしていく。

# *2* 中価格帯市場とプレミアム市場の変遷

　第2章でも触れた「プレミアム」に関して，遠藤（2007）においては，プレミアムが一部の限定された富裕層だけが対象の消費現象ではなく，これまでと異なる価値観を持った消費者群が生まれて拡大しているという前提で論じられている。その点を，もう少し詳しくみていこう。

## （1）中価格帯市場にこだわった日本企業の失敗

　日本企業，特にわが国の経済成長を担ってきたメーカーが標的市場としてきたのは，中価格帯の市場であった。この価格帯においては，どの製品もそれな

りのボリュームでの販売が見込めるうえ，細やかな対応が相対的に得意な日本企業にとって，強みも発揮しやすい市場でもあったといえる。

しかし，こうした市場はBRICs諸国の台頭により浸食され，日本メーカーは撤退の憂き目に遭っているのが現状である。

例えば2000年代以降の携帯電話市場における変化をみれば，このことはよく理解できよう。国内市場での競争に対応すべく，2000年代初頭の日本企業は，携帯電話のさまざまな高機能化を目指し研究開発にしのぎを削っていた。しかし，スマートフォンが出現すると，米国，韓国，中国のメーカーに市場を席捲されてしまったのである。すなわち，Apple, Samsung, Xiaomi, Oppo, Huaweiといったメーカーが台頭し，日本メーカーの製品はごく一部のみとなった。このうち，Appleは高価格帯，その他は相対的に中～低価格での販売となっている。そして，世界的にもこれは当てはまっているのが現状である。

この間，2006年には1兆7,000億円以上あった日本の携帯電話・PHS生産額は，2021年には1千億円少々にまで減少している（**図表5-1**）。2013年には5,000億ドルだった世界市場が，2021年には7,000億ドル以上にまで増大しているのと対照的である。

繰り返すが，現状の日本におけるスマホ市場でみれば，Appleが高価格帯，その他が相対的に中～低価格帯の製品を提供している。これは，他の製品でも

[ 図表5-1 ] 日本の携帯端末生産額推移（億円）

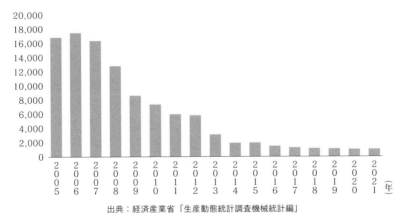

出典：経済産業省「生産動態統計調査機械統計編」

同様であり，高価格帯の市場は欧米に，中〜低価格帯の製品はBRICs諸国やアジア各国に，それぞれ押されているということになる。

　中〜低価格帯の製品に関しては，いわば「値ごろ感のある」（value for money）製品を扱っていた日本メーカーの独壇場であった。しかし，人件費が相対的に低い開発途上国に強みが生じることは当然であり，その点からは，わが国メーカーも高価格帯への志向を強める必要があったのではないだろうか。確かに，数少ないメーカーの成功事例としては，しばしばトヨタ自動車のLexusが挙げられている。しかし，それ以外にはあまり話を聞かないのが実情である。Appleと日本メーカーとでは，何が違っていたというのだろう。

　実は，ここでの価格帯の相違は，価格や品質だけが違っているというわけではない。商品やサービスに対する消費者の憧憬やイメージ，そして暗黙の「ランキング」的な要素など，すなわち，曖昧ではあるが，「品」や「格」，あるいは「印象」といった基準に基づく分類が付随するということが重要である。どうも，こういう分野に関しては，日本企業はあまり得意ではないようである。銀座にせよ，表参道にせよ，目抜き通りの一等地には，海外の有名ブランドの店舗に占拠されているのがそれを証明している。そして，東京における最高価格帯のホテルが海外ブランドばかりとなっているのも同様である。

## (2) 需要における質の変化

　次に，需要側に目を向けると，少なくともわが国における消費はかなり成熟化している。そのため，この点からも，品質がいいというだけでは，やはり高価格帯の商品は売れないということが理解できよう。

　遠藤（2007）は，こうした高額商品への希求について，高級車や高級化粧品といった，一部の客層のみがターゲットとなるものだけでなく，ビールやアイスクリーム，チョコレートといった日常品，眼鏡や財布といった小物グッズ，そしてホテルや旅館，これらを包含する旅行そのものといったサービスにまで，幅広く浸透してきていると主張する。高単価の嗜好品を中心とする「買回品」や「専門品」のみならず，低単価の生活必需品のような「最寄品」にまで，価格が割高でも，それを欲する市場が形成されているという。なお，この商品分

類については，第10章で詳しく説明する。

　さらに，この消費形態は，高級品が飛ぶように売れたバブル時代の消費とも大きく異なっている。当時の消費は，あくまで「他人のモノサシ」に依存した高級志向であったが，現在はむしろ，「自分らしさ」といった「自分のモノサシ」で高級品や本物を求める傾向がある（JMR生活総合研究所（2006）より）。

　すなわち，一般にいわれる富裕層のみならず，多くの大衆も，価格が割高でも高品質であり，かつ，自分に合った商品やサービスを選んでいるということであり，高価格帯における消費の裾野はきわめて広いといえる。そして，欧米のブランドによる高価格商品と，BRICs諸国を中心とした海外で生産される低価格商品が伸びる一方で，中途半端なポジションにある中価格帯が苦戦することにもつながり，消費が二極化しつつあることも特徴である。まさに格差社会の到来といえるのかもしれない。

　観光やホスピタリティにおいては，ラグジュアリー供給側を常に利用するような富裕層に加えて，例えば宿泊施設だけは少しでもいいホテルや旅館を選ぶとか，エアラインだけは多少高くとも特定の企業を選ぶといった層が存在する。あるいは，数日間の旅行における最後の1，2泊だけは，高級なホテルや旅館，または高価格の客室を選ぶという層もいる。この辺りは第4章で述べた準富裕層や「日帰り客」が該当し，それなりのボリュームがあると推測される。

　なお，第2章で検討したように，プレミアムにはラグジュアリーに準ずる位置づけが付与されるほか，「正規の料金のうえに加えられる割増金」といった意味が内包されている。その点からすれば，ホテルや旅館におけるプレミアムには，ラグジュアリー・クラスに次ぐポジションの施設が該当する。加えて，一般客室とは異なる価値を付与された客室にも適用できると考えられ，具体的には，多くの客室とは別に用意された離れや独立したヴィラのような施設，あるいは，いわゆる「クラブフロア」のような，同一施設内でも別の価値が付与された客室が該当するだろう。

# *3* 商品ラインにおける「縦の拡がり」としての プレミアム市場

　モノがあふれ，需要が飽和した状況においては，商品・サービスの多様性を拡げ，多くの選択肢から選ぶという「横の拡がり」が志向されるのが通例である。ただし，消費者の中には，同じ商品やサービスでも，明らかに質やグレードが異なり，価格帯も異なる「上」を求める側面も生じてきている。こだわる商品・サービスに関しては「上」を選択し，こだわらない場合には「中」かそれ以下を選択するという形である。

　現代の消費者は，そうした「縦の拡がり」の使い分けをしつつ購買行動をしている。前にも述べたビールやアイスクリームなどの他に，電子レンジや炊飯器，掃除機といった家電製品でも同様の消費スタイルが見受けられる。ここでポイントとなるのは，絶対的な金額である消費単価の高低にかかわらず，グレードの高い「上」が「プレミアム」であり，消費者がそうした選択を行うのが「プレミアム消費」ということである。

　そのため，これに対応すべく，各企業は「縦横」にブランドを展開するようになった。多数のブランドを擁するスウォッチの例では，最高級にブレゲ，ブランパン，ジャケ・ドロー，オメガなどが，上級にロンジン，ラドー，ユニオンなどが，中級にはティソ，ckカルバン・クライン，ハミルトンなどが，ベーシック・ラインにはスウォッチ，フリック・フラック，エンデューラなどが配置されている。これはまさに，メガ・ホテル・チェーンにおけるブランディングと一致していよう。まさに，「縦」と「横」の拡がりで対応しているということになる。

　そして，プレミアムには「顔」となる最上級モデルが不可欠である。これを「フラッグシップ」（旗艦商品）といい，ブランド・ヒエラルキーの頂点をきわめた，圧倒的な存在感を示す商品ということになる。それがブランド全体の価値を上方に引っ張り，ブランド全体のプレミアムが担保されることになる。

　自動車や時計などの場合，フラッグシップのさらに上に，技術の粋を集めた究極の商品が発表されることがしばしばである。時計でいえば，機械式の複雑

[写真5-1] 天空の森の「頂上」

出典：以下，本章内の写真は著者撮影。

時計におけるトゥールビヨン，ミニッツリピーター，永久カレンダーなどが該当しよう。これを遠藤（2007）は「象徴」や「アート」と表現している。そうなると，フラッグシップとは，アートと商品の接点に位置づけられる商品ともいえるだろう。

そして，このフラッグシップこそが，ホスピタリティ産業においてはラグジュアリーに相当する可能性が生じてくる。固定費の比率が比較的低い複雑時計の分野などではアートも存在しうるだろうが，固定費の比率が比較的高いホスピタリティ産業では，なかなか「アート」といえるような施設は存在しにくい。日本での数少ない事例としては，伊勢志摩の間崎島に位置する「MOKU ISESHIMA」（2名で2食付き30万円強）や，鹿児島の霧島にある「天空の森」（2名で2食付き30万円強から100万円超まで）などが該当するだろうか。とはいえ近年，第9章で紹介する「エスパシオ」がそういった方向性を志向しつつあり，今後の展開が注目される。

# *4* プレミアム消費における**2つの側面**

また，遠藤（2007）は，こうしたプレミアム消費には，2つの側面があるという。

## (1) 日常における「ちょっとプレミアム」

まずは，普段の，日常における贅沢で，「ちょっとプレミアム」というような消費行動である。日常生活において，ほんの少しだけでも高級感を演出し，気軽な贅沢を楽しみたいという消費者が，こうした消費を求めている。

その背景には，「非日常」に対する希求がある。人は，日常生活を営むために大きなエネルギーが必要である。相対的に単調な日常生活を繰り返す中で，精神的なものを中心としたエネルギーを消費してしまう。これを補充するのが非日常であり，成長過程における通過儀礼や年中行事も，そうした欲求に応えたものといえる。同様に，小さな贅沢を日常に散りばめることで，豊かさを享受することが可能となる。そもそも，観光は非日常を求める行動であり，その小規模版のような形で，日常生活に非日常を組み込むということになる。

これには，必ずしも高級店における専門品が応えているわけではなく，やや高級なスイーツや，化粧品，香水など，さまざまなものが対応している。中には，コンビニで購買可能なものもある。観光でも，低価格というイメージの強い高速バスで高級なシートを用意しているものや，カプセルホテルでありながら，ゆったりとしたスペースやシートも用意している施設が該当しよう。

## (2) 自身を消費に投影する「アイデンティティ・プレミアム」

もう1つは，自身のアイデンティティを消費に投影するもので，「アイデンティティ・プレミアム」という。高級さや有名かどうかなどはあまり関係なく，「自分らしさ」という価値基準によって選択する消費者もいる。専門品の多くは頻繁に購入するわけではないため，そこに自分らしさを込めて，いわば「ア

イコン」としての商品を求めているということになる。

　そして，その場合には，作り手や提供側のアイデンティティに対しても共感している点がポイントとなる。特に，複雑時計などはまさに，通常とは異なる次元で作り手のこだわりが投影されており，こうした想い入れが投影されやすくなる。この場合，値段が高いことはもちろんであるが，希少性も重要な要素であり，さらに，選ばれた消費者という点も大きく響くことになる。一部の高級鞄などは，「出会う」ために「パトロール」をするお客もいるそうである。

　アマンリゾーツを巡る「アマン・ジャンキー」の存在や，最近急速に増加している「ライフスタイル・ホテル」のヘビー・ユーザーは，まさにこれが当てはまるといえそうである。特にアマンの場合には，開業日に泊まることを切望する人たちがいる。開業日前後は2泊，3泊といった「縛り」があることが多いが，仕事が多忙をきわめる中，実際には1泊しかできないとしても予約を入れるのである。

　このような，合理的消費とは異なる非合理性が，プレミアム感の醸成にも一役買っているということになる。

　その前提として重要なのは，市場側の「欲望の質」である。縦の拡がりにおける上の市場が育つためには，消費者の「欲望の質」が高まる必要がある。諸

[写真5-2] アマンリゾーツの1つ：アマネムのサーマル・スプリング

外国のプレミアム消費は，経済的に豊かでかつ欲望の質が高い一部の富裕層に限定されている。特にイギリス，フランス，イタリアなど欧州諸国はいまだに階級社会の名残があり，名家の出身でなければ社会の上方へ行けないため，消費行動も，それぞれの階級に合ったものになる。その結果，一部の富裕層を除けば，ライフスタイルや消費行動はきわめて地味なものになる。しかし，米国やわが国などはそうではなく，こうした土壌から「ちょっとプレミアム」の可能性も広がるということになる。

# *5* ラグジュアリー・ホスピタリティ市場の概観

　以上を踏まえて，ラグジュアリー・ホスピタリティ市場の把握を試みたい。
　前提として，供給側に関しては，特定の地域における最高価格帯であることはもちろん重要であるが，そこまでではない価格帯を含む施設の場合でも，ある一定の幅をもった価格帯で展開している施設であれば，少なくともその一部分の提供サービスだけでもラグジュアリー対応は可能である。また，同一企業や同一ホテル・チェーンでも，ブランド名を変えるなどして複数の市場セグメントをターゲットとしている場合には，そのブランドの中に，ラグジュアリー対応をしているものがあったり，そうでない価格帯のものがあったりという形で，ラグジュアリーを含んでブランドが混在することになる。
　そして，ラグジュアリーに準ずる価格帯としてプレミアムを位置づけることもできる。もちろん，より深く検討すれば，それぞれ別の方向で扱うべきなのかもしれないが，少なくともホスピタリティ産業において。価格帯を軸とした場合には，ラグジュアリーに準ずる位置づけになっているケースが多いため，この扱いには妥当性があるといえよう。この前提に立ったとして，プレミアムの施設においても，その中の相対的に高価格帯の提供サービスに関しては，ラグジュアリーとの代替性が生じると考えられる。
　ただし，実際に具体的なホテルを念頭に置いてこの点をあてはめていくには，いくつかの要検討事項が存在する。
　まず，ホテルでは，多くの場合，1つの施設に異なるニーズに対応する複数

[写真5-3] 17m²のシングルから700m²のスイートまで
1,000室を超える客室数を擁するリーガロイヤルホテル大阪

の事業が同居していることである。具体的にいえば，特に相対的に高価格帯のホテルには，宿泊，料飲サービス，宴会の各部門が内包されていることが該当する。このうち，宿泊や料飲サービスではかなりの高価格だとしても，宴会には大勢が集う可能性があり，その場合には，必ずしも富裕層や準富裕層だけが標的顧客になるとは限らないからである。

そして，建物は一度造ってしまうとかなり長期間にわたって利用し続けなければならないため，少なくとも現時点においては，細分化した市場の特定のセグメントのみを対象とする施設ばかりではない。そのため，こういった施設については，ここまでの検討から外れてしまっているということが問題となる。

特にわが国において1980年代頃までに開業したホテルは，比較的低価格の客室から広大なスイートを含む数百室から1,000室を超える客室数を保持し，和洋中の各レストランを取り揃え，多数の宴会場を擁していることが多かった。このようなホテルを一般に「グランドホテル」と呼ぶが，その中には，わが国を代表する施設として君臨してきたものもあった。そして，こうした施設の多くは，顧客から高い「格」を認められてもいる。加えて，今でも国賓や公賓が宿泊するのは，グランドホテル・タイプの施設が多い。

ところが，昨今の（概ね1990年代以降），市場がさらに細分化され，その特定の市場細分にターゲットを絞るホテルが増えてきた環境において，既にある建物の規模や施設構成から，急にターゲットを絞るのが難しいという問題がある。もちろん，建て替えやそれに匹敵する大改装を経てそれを実現したケースもあり，この辺りの詳細については，次章以降で確認したい。

　需要側は，富裕層と準富裕層がもちろん中心的な存在となる。ただし，それ以外にもラグジュアリーの「日帰り客」や「ちょっとプレミアム」層などの，いわゆる「離散的顧客層」と，アイデンティティ・プレミアムとしての「高関与層」が含まれる。なお，この「関与」概念については第10章で詳述するが，製品・商品のカテゴリーに対するこだわりの強さなどを示す製品関与や，購買プロセスにおいてさまざまに情報収集をしようとするといった購買関与などがある。アイデンティティ・プレミアムを持つ消費者については，ホテルという商品カテゴリーにおける製品関与が高いと考えられる。ところが，これらの層は必ずしも富裕層や準富裕層であるとは限らず，事実，アマン・ジャンキーの大部分は富裕層や準富裕層だが，少なからぬマス層の人も含まれている。

　ただし，このうち離散的顧客層と高関与層は，富裕層や準富裕層に比べて，人数的にかなり多いと推測され，実際には市場の大きな部分を占めている。特に部門によってはこれらの層が主たる顧客であるとさえ考えられる。

　ラグジュアリー・ホスピタリティを取り巻く市場は，概ねこのような供給側

[ 図表5-2 ] ラグジュアリー・ホスピタリティ市場の供給側

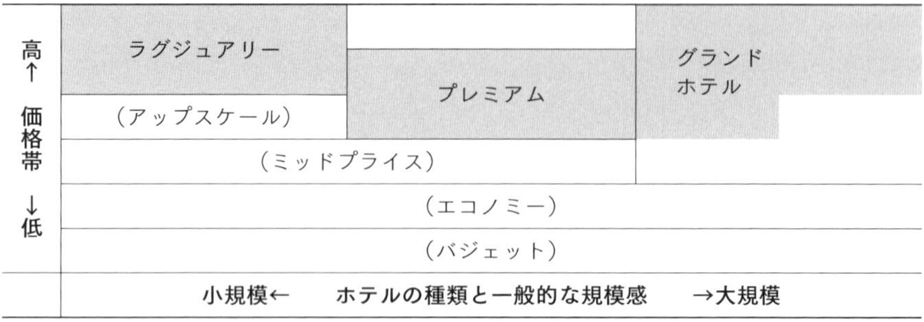

出典：著者作成。

[図表5-3] ラグジュアリー・ホスピタリティ市場の需要側の概念図

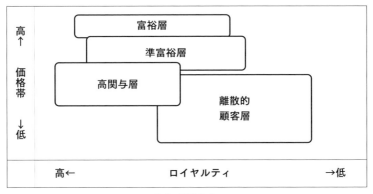

出典：著者作成。

と需要側との構造で成立していると考えられる。すなわち，供給側は，ラグジュアリー・ホテルが主軸となりつつ，プレミアム・クラスとグランドホテルの，相対的に高価格帯の提供サービスである。需要側は，日常的に利用する富裕層や準富裕層の他に，ロイヤルティがきわめて高い高関与層，なにかの機会には利用したいと考える離散的顧客層が主たる対象となる。

ただし，残された問題として，各部門のラグジュアリー市場と，グランドホテルの存在感について，どのようにとらえるべきかがある。以下の章では，その点について歴史的経緯も踏まえて検討する。

▶ 参考文献
遠藤功（2007），『プレミアム戦略』東洋経済新報社．
奥山清行（2007），『伝統の逆襲―日本の技が世界ブランドになる日』祥伝社．
恩蔵直人監修，月谷真紀訳（1999），『コトラーのマーケティング入門』ピアソン・エデュケーション．
杉本貴司（2020），『ネット興亡記―1 敗れざる者たち』日経BP．
杉本貴司（2022），『ネット興亡記―2 敗れざる者たち』日経BP．
髙橋郁夫・髙嶋克義（2024），『入門・消費者行動論』有斐閣．
山口由美（2024），『世界の富裕層は旅に何を求めているか―「体験」が拓くラグジュアリー観光』光文社．
Frank, R.（2007），*Richistan: A Journey Through the American Wealth Boom and the Lives of the New Rich*, Crown Business.

JMR生活総合研究所（2006），「消費生活白書2006」.

『東京人—三菱と東京の150年』（2020）2021年1月増刊号，都市出版.

（徳江 順一郎）

# 第 6 章
# ホテルの各部門における ラグジュアリー

城山ホテル鹿児島の大宴会場・エメラルド

　ここまでの議論を踏まえて，本章では，ホテルの部門ごとにラグジュアリーについて検討する。一言でホテルといっても，ホテルには宿泊，料飲サービス，宴会など，複数の機能が存在し，それに対応する複数の部門がある。そのため，ホテルを検討対象とするに際しては，この部門ごとの相違を無視するわけにはいかない。特に，第7章以降で詳述する「迎賓館」の役割を果たしてきたホテルは，複数の機能をすべて揃えた「フル・サービス型」であることが多い。以上から，それぞれの相違とラグジュアリーとの関連について説明する。

# *1* はじめに

　わが国では近年，海外ブランドのラグジュアリー・ホテルが盛んに進出してきている。2023（令和5）年4月に開業した「ブルガリホテル東京」，同年6月開業の「ザ・リッツカールトン福岡」などが代表例として挙げられよう。今後も「ウォルドルフ＝アストリア」や「フェアモント」，「ドーチェスター・コレクション」など，日本初進出となるブランドも計画されている。そして，ここに挙げたホテルはいずれも，宿泊のための客室のみを有しているホテルではなく，レストランやバンケット，チャペル，スパなどを有するホテルである。

　ホテルは宿泊部門のみを商品とする「リミテッド・サービス型」（チェーンによっては「フォーカスト・サービス型」などという場合もある）と，宿泊・料飲・宴会などの各部門が揃っている「フル・サービス型」に分類される。このうち，ラグジュアリーと称されるホテルは，宿泊部門のみというケースは稀なようである。宴会部門はない場合もあるが，わが国においては宴会部門も存在することが多く，料飲サービス部門はほぼ必須となっている。

　この中でも，宿泊部門のラグジュアリーに関しては，これまでもさまざまな研究がなされている。こうした先行研究を概観しつつ語源についても検討すると，第2章でも論じたように，ラグジュアリー・ホテルとして定義するには多くの要素があり，スタッフの対応のみならず，客室の広さや設備，客室からの眺望や雰囲気，それらを踏まえた料金設定などによって判断されることが多い。それでは，宿泊部門以外の部門でラグジュアリー・ホテルと判断されるポイントはなんであろうか。本章では，フル・サービス型ホテルにおいて，宿泊部門に関してはもちろんであるが，いわゆるFB（Food & Beverage）部門と呼ばれる料飲サービス部門や宴会部門におけるラグジュアリーについても検討する。

　なお，宴会部門の売上比率は，わが国のホテルは他国と比べて突出して高い。また，他国では宴会も料飲サービス部門に含んでいることが多く，直接的な比較がしにくい。そのため，料飲サービス部門と宴会部門に関しては，一般性，普遍性のあるラグジュアリーを検討するというより，わが国のホテルを取り巻く状況やその変化を，「グランドホテル」や「ラグジュアリー・ホテル」と

いうキーワードを通じて考察した。

# *2* 宿泊部門：客室の要素から考えるラグジュアリー

## (1) 宿泊施設とは

　宿泊施設における客室の要素を考えるためには，まず，宿泊業を定義付ける必要があるだろう。ここで簡潔ではあるが，2つの法律を参考に検討する。

　旅館業法（昭和23年法律第138号）による「旅館・ホテル営業」とは，施設を設け，宿泊料を受けて，人を宿泊させる営業とされており，国際観光ホテル整備法（昭和24年法律第279号）では，外客の宿泊に適するように造られた施設で，人を宿泊および飲食させる営業としている。旅館業法では人を宿泊させることとし，国際観光ホテル整備法では，宿泊のみならず飲食をさせる必要があることがわかる。この点が，次節以降にも影響することになる。

　また，徳江編著（2023）では，宿泊産業におけるプロダクトを以下の4つのカテゴリーに分けている。

- 客室　：スイート・和室・カプセルなど
- 料飲　：レストラン・カフェ・バーなど
- 宴会　：会議・結婚式・展示会など
- その他：温泉・エステ・ショッピングなど

　宿泊産業ともいわれるだけに当たり前のことではあるが，旅館業法および国際観光ホテル整備法の両法律ともに，宿泊させることが共通している。その宿泊に関連するプロダクトは上記4つのカテゴリーのうち，客室がそれにあたる。そして，客室を細分化すると，スイートやツイン，ダブル，そして和室などの客室の種類に分けられ，部屋ごとに広さや設備に違いがある。

　本節では，両法律に共通している宿泊に焦点をあて，宿泊施設の要素の中でも，客室における要素である空間・設備を中心に進めていく。

## (2) 空間（スペース・広さ）

　客室の広さについては，最近のラグジュアリーとされるホテルでは，最低でも40㎡以上，あるいは，50㎡台や60㎡台の客室が最小ということも多い。ここで，旅館業法施行令（昭和32年政令第152号）をみると，客室の床面積は7㎡以上，寝台を置く客室にあっては9㎡以上と定められている。これを最低基準として考えると，現在のホテルの分類によるラグジュアリーの広さの目安といえる40㎡以上というのは，9㎡以上と比較すると4倍以上の大きさになるため，かなりの広さといえる。しかし，これが妥当性，客観性を持って本当に「かなり広い」といえるかは微妙なところである。では，ラグジュアリーに必要な広さとはどのくらいが適当なのだろうか。

　第2章でも述べられているように，ラグジュアリーの要素の1つに無駄がある。そうであるならば，ラグジュアリーにおける広さは最低でも無駄に広いと感じられる面積が必要になるだろう。そして，宿泊施設での宿泊は短期間ではあるものの，その場所において生活をすることである。そのため，人間の住生活を基準として考え，その必要な広さについて考えてみたい。

　わが国における国民の住生活の基本的な法律として定められているのが住生活基本法（平成18年法律第61号）である。その概要である国土交通省（2006）によれば，国民の豊かな住生活の実現を図るため，住生活の安定の確保および向上の促進に関する施策について，その基本理念，国などの責務，住生活基本計画の策定その他の基本となる事項について定めるとされている。

　ここで述べられている住生活基本計画の中では，居住面積の水準についても定められており，「最低居住面積水準」と「誘導居住面積水準」の2つがある。国土交通省（2021）によれば，最低居住面積水準とは，世帯人数に応じて，健康で文化的な住生活を営む基礎として必要不可欠な住宅の面積水準とされ，誘導居住面積水準とは，世帯人数に応じて，豊かな住生活を実現する前提として，多様なライフスタイルに対応するために必要と考えられる住宅の面積に関する水準である。この誘導居住面積水準は，都市の郊外および都市部以外の一般地域における戸建住宅居住を想定した「一般型誘導居住面積水準」と，都市の中心およびその周辺における共同住宅居住を想定した「都市居住型誘導居住

面積水準」からなっている。最低居住面積水準は、生活するための基礎的な水準であり、その名のとおりこの水準以上の広さが生活に必要とされている最低限の面積水準である。一方の誘導居住面積水準は、豊かな住生活、多様なライフスタイルといった内容をみてもわかるように、余裕のある生活を実現するために必要な面積水準とされている。

最低居住面積水準と誘導居住面積水準で定められた面積は、**図表6-1**のとおりである。

これをもとに、ホテルで2名を基本としてラグジュアリーの客室の面積を考えると、都市型誘導居住面積水準が1つの目安になると考えられる。ただ、現在の40㎡以上とした基準であれば、単身はどうにか余裕のある面積を確保できるが、それを超える人数となると、少々手狭になってしまう可能性がある。宿泊する場合、単身で宿泊することもあるが、一定価格以上の価格となっているホテルの客室に設置されている寝具のほとんどが「ツイン」、すなわちベッド2台か「ダブル」や「クイーン」あるいは「キング」と呼ばれる2人用のベッドであることからもわかるように、基本的には2人以上での宿泊が想定されている。それならば、ホテルにおける快適な宿泊ができる面積の基準が、最低でも2人利用の都市型誘導居住面積水準である55㎡以上の広さが必要となろう。この基準面積を、ここでは宿泊施設における「快適宿泊面積」としておく。

では、現在のラグジュアリーと呼ばれるホテルの客室の面積はどうなっているかを探るため、主要なホテルにおける最大の広さを持つ客室についてまとめてみた。**図表6-2**中の倍率とは、客室面積を快適宿泊面積である55㎡で割り、小数点第2位以下を四捨五入した数値である。この表からもわかるように、各

[ **図表6-1** ] 最低居住面積水準と誘導居住面積水準

| | | 単身 | 2人 | 3人 | 4人 | 備考 |
|---|---|---|---|---|---|---|
| 最低居住面積水準 | | 25m² | 30m² | 40m² | 50m² | |
| 誘導居住面積水準 | 一般型 | 55m² | 75m² | 100m² | 125m² | 戸建を想定 |
| | 都市型 | 40m² | 55m² | 75m² | 95m² | 共同住宅を想定 |

出典：国土交通省（2021）をもとに著者作成。

ホテルの最大面積の客室においては,快適宿泊面積の約2.7〜約13.3倍の広さがあり,十分に余裕のある面積があり,「ぜいたくなさま」が表現されていることになる。

[図表6-2] 主要なホテルの最大面積客室

| 宿泊施設 | 部屋名 | 客室面積 | 倍率 |
|---|---|---|---|
| ザ・キャピトルホテル東急 | ザ・キャピトルスイート | 223.4m² | 約4.1倍 |
| ペニンシュラ東京 | ザ・ペニンシュラスイート | 347m² | 約6.3倍 |
| 帝国ホテル東京 | プレミアデラックススイート | 150m² | 約2.7倍 |
| ジ・オークラ東京 | インペリアルスイート | 730m² | 約13.3倍 |
| ホテルニューオータニ（東京） | ザ・メインプレジデンシャルスイート（HIROSHIGE） | 150m² | 約2.7倍 |
| グランドハイアット東京 | プレジデンシャルスイート | 260m² | 約4.7倍 |
| コンラッド東京 | ロイヤルスイート | 226m² | 約4.1倍 |
| パレスホテル東京 | パレススイート | 210m² | 約3.8倍 |
| ザ・プリンスギャラリー東京紀尾井町 | ザ・プリンスギャラリースイート | 148m² | 約2.7倍 |
| リーガロイヤルホテル大阪 | モナークスイート | 252m² | 約4.6倍 |

出典：各ホテルHPをもとに著者作成。
注　：各ホテルHPにて公表されている最大面積の客室を抜粋した。

[写真6-1]
ザ・キャピトルスイートのリビング

[写真6-2]
ザ・キャピトルスイートのベッドルーム

出典：以下,本章内の写真は特記以外著者撮影。

## (3) 設備

　客室に備え付けられている設備については，宿泊施設ごとにさまざまではあるものの，宿泊させるための寝具すなわちベッドは，和室を除けば必ず設置されている設備の1つである。現在は法律などで宿泊施設に設置する寝具の基準などを定めてはいないが，旅館業における衛生等管理要領（健発第0214004号平成15年2月14日：厚生労働省健康局長）では，洋室の寝具については洋式のものであり，その寝台は幅員0.85m，長さ1.95m以上の広さを有することとされている。この基準を参考にすると，ザ・キャピトルホテル東急のザ・キャピトルスイートに設置されているベッドは，幅員2.4m×長さ2m，ザ・プリンスギャラリー東京紀尾井町のザ・プリンスギャラリースイートは幅員2mであり，基準以上の大きさがある。

　他の設備については，各ホテルの間取り図を参考に検証してみたい。ここでは，主要なホテルから，ザ・キャピトルホテル東急のザ・キャピトルスイート（**図表6-3**）およびザ・プリンスギャラリー東京紀尾井町のザ・プリンスギャラリースイート（**図表6-4**）の2例を挙げた。

　各客室の定員については，ザ・キャピトルスイートが1〜3名とHPに表記されているが，ザ・プリンスギャラリースイートは特に示されていない。しかし，ベッドの形状から2名前後ということは推定できる。そのような中で，間取り

［**図表6-3**］ザ・キャピトルスイート間取り図

出典：同ホテルHPをもとに著者作成。

[図表6-4] ザ・プリンスギャラリースイート間取り図

出典：同ホテルHPをもとに著者作成。

　図で確認できる家具類をみてもわかるように，椅子だけでも利用人数以上設置されており，政府要人などが宿泊した際に客室で会議などが実施されることも考えられるが，客室定員を基準とすれば，贅沢というよりも無駄に近いラグジュアリーを実現できていよう。

　なお，いずれもバスルーム内のシンク（洗面台）が2つ用意されているという点にも注目して欲しい。

## *3* 料飲サービス部門における変化

### (1) 伝統的なホテルにおける料飲サービス

　かつて，わが国では，長きにわたって「御三家」に代表されるフル・サービス型のホテルが相対的に高価格帯を占めてきた。そのため，料飲サービス施設もフランス料理，中華料理，和食を基本に，バーやラウンジなども適宜配するというラインナップが高価格帯施設の基本であった。この，和洋中の各レストランを揃えておくというのは，他国ではあまりみられない特徴といえよう。

　こうした施設においては通常，フランス料理がそのホテルを象徴する高級施設に位置付けられており，これは御三家でも同様である。例えば，「帝国ホテル東京」では「フォンテンブロー」や「レ・セゾン」，「ジ・オークラ東京」では

「ラ・ベル・エポック」,「ホテルニューオータニ(東京)」では「トゥール・ダルジャン」といった施設が, その地位を占めていた。もちろん, 中華や和食に関しても, 特にジ・オークラ東京はこだわりが強く,「桃花林」(中華) や「山里」(和食) といった直営の施設を擁してきたし, ホテルニューオータニ(東京)も,「大観苑」(中華),「千羽鶴」(料亭) など, 多数の施設を揃えている。

また, わが国のホテル・ダイニングにおいて一定の地位を占めてきたのが鉄板焼レストランである。これには, シェフが目の前に立ち鉄板越しに会話を楽しみながら食事をすることができるという特徴がある。和食とともにわが国独特の文化としても海外から注目されており, インバウンド客からも人気が高い。

御三家でも帝国ホテル東京の「嘉門」, ジ・オークラ東京の「さざんか」, ホテルニューオータニ(東京)の「石心亭」,「清泉亭」,「もみじ亭」など, それぞれ鉄板焼レストランを展開しており, ウェスティンホテル東京の「恵比寿」, コンラッド東京の「風花」など, 外資系ホテルでも多くが鉄板焼のレストランを有している。

[写真6-3] 帝国ホテル東京のレ・セゾン

## （2）フランス料理の歴史

　ホテルにおける「ラグジュアリー」な料飲施設としては，伝統的にフランス料理が位置付けられることが多かった。そこで，日本におけるフランス料理の歴史を概観する。

　わが国最初のフランス料理店は，1863（文久3）年，草野丈吉が長崎郊外に開店した西洋料理店「良林亭」であるといわれる。草野は農家に生まれたが，出島のオランダ人家庭に住込みで雑用係となり，その後，オランダ総領事のもとで西洋料理を修業した。開国後，オランダ軍艦の乗組員となって料理技術を上げた後，島津藩に料理人として雇われることになる。そして良林亭を開店し，やがて大阪や神戸に支店の「自由亭」を出店するに至っている。第8章で詳述するが，大阪ではホテル運営にも関わった。

　一方，東京では，1876（明治9）年に上野精養軒が開店した。ここは，1960年代頃までは，最高峰のレストランの1つに数えられていた。また，「鹿鳴館」が1883（明治16）年に開館し，ここでもフランス料理は提供されていたが，1887（明治20）年には閉館に近い状態となり，1890（明治23）年に宮内省に払い下げられた。同年には帝国ホテルも開業している。この頃から，東京だけで約100店ものフランス料理店が新規開店しているという。そして，海外の窓口であった横浜には1927（昭和2）年，「ホテルニューグランド」が開業する（第9章参照）。上野精養軒と帝国ホテル，そしてニューグランドは，長きにわたってフランス料理界の「御三家」と呼ばれていた。

　帝国ホテルは開業時，朝食室，舞踏室，臨時会食室などでフランス料理を提供していた。当時の価格は，朝食が50銭，昼食が75銭，夕食が1円であったという。大工の日当が15〜20銭という時代の話である。

　第2次世界大戦の頃までは，フランス料理が一般に広まるには至らなかったが，接収中の1950（昭和25）年に帝国ホテルの「フレンチレストラン」が開業し，これがその後の発展の礎となった。1970（昭和45）年に現在の新本館が完成すると，同時にフラッグシップ・レストランともいえる「フォンテンブロー」が開業し，わが国におけるフランス料理界をリードする存在となった。しかし1993（平成5）年に，赤字に耐えられずフォンテンブローは惜しまれつつ閉店

することになった（村上（2004）より）。その後は「レ・セゾン」がその役を
担っている。

　なぜ，帝国ホテルと上野精養軒，ホテルニューグランドが料理界の「御三家」
と呼ばれていたかというと，料理のクオリティはもちろんであるが，この3店
出身の料理人に，その後の日本におけるフランス料理界を担った料理人が多く
出現したためである。著名な料理人といえば，帝国ホテルの村上信夫やホテル
オークラの小野正吉といった名前が挙がるが，その他の名物料理人たちも，多
くが料理界の御三家出身というのも興味深い。

## （3）新しい潮流

　いずれにせよ，和洋中の各レストランを，直営が無理だとしてもテナントを
含めて揃え，鉄板焼なども用意するのが，わが国における高価格帯ホテルにお
いては主流であった。これに一石を投じたのは，1990年代に入って開業した，
いわゆる外資系ホテルであった。

　1992（平成4）年に開業した「フォーシーズンズホテル椿山荘東京」（現：ホ
テル椿山荘東京）では，イタリア料理の「ビーチェ」と中華料理の「釣魚台養
源斎」が，1994（平成6）年に開業したパークハイアット東京では「ニュー
ヨーク・グリル」というオープンキッチンのグリル・スタイルの店舗がメイン
に据えられた。両ホテルともフランス料理の店舗を置かず，「みゆき」（フォー
シーズンズ）や「梢」（パークハイアット）といった和食と，別途，オールデ
イ・ダイニングを用意するというラインナップとなっている。

　イタリア料理に関しては，さまざまな試みがなされた時期もあった。帝国ホ
テルでは，1997（平成9）年に「チチェローネ」というイタリアン・レストラ
ンが開店したが，残念ながら2006（平成18）年に閉店してしまった。京王プラ
ザホテルにおいても，1990（平成2）年に「ロ・スパツィオ」が開店したが，
2003（平成15）年にホテル内で移転後，2005（平成17）年に店名と業態を変
えてリニューアルとなった。

　なお，現在の御三家では，ホテルニューオータニ（東京）には特に大きな変
化はないが，帝国ホテル東京はフォンテンブローを閉店しやはりフランス料理

の「レ・セゾン」がメインとなり、ジ・オークラ東京でもラ・ベル・エポックを「ヌーベル・エポック」と改名し、伝統を継承しつつ、新しい試みを取り入れるようになっているようである。

一方で、欧米、特にヨーロッパの潮流としては、街中のミシュラン星付きレストランなどの有名店がホテルに出店するケースが増えつつある。もちろん東京の伝統あるホテルでも、複数のホテルに入店している和食の「なだ万」や「パレスホテル東京」の中華「琥珀宮」など、同様の方向性も垣間見られるが、メインに据えられる施設、特にフランス料理は、基本的に自社直営の自社ブランド施設である。ただ、パレスホテル東京では、従来からのメイン・ダイニングであった「クラウン」を、著名なシェフであるアラン・デュカスとの提携により「エステール」とした。

他に、特徴的なところでは、「アマン東京」が「アルヴァ」というイタリアンと「武蔵byアマン」という寿司店を擁し、同系列の「ジャヌ東京」もイタリアン・レストランの「ジャヌ・メルカート」やモダンチャイニーズの「虎景軒」(フージン)、寿司の「飯倉」が用意されている。「ブルガリホテル東京」は、イタリアンの「イル・リストランテ・ニコ・ロミート」と寿司の「Sushi Hōseki – Kenji Gyoten」がある。

[ 写真6-4 ] かつてのクラウン

最近のラグジュアリー・ホテルにおいては，特定のシェフをフィーチャーし，場合によっては店名にも取り入れている点が象徴的である。これはヨーロッパの潮流とも合致している。

## （4）補論：料飲サービスとしてのワインを取り巻く環境[1]

　料飲サービスにおいては，飲料も欠かせない存在感がある。高価格帯の飲料といえば，ブランデーやワインが真っ先に思い浮かぶだろう。世界的なラグジュアリー・ブランドを多数傘下に収めるLVMHグループは，ルイ・ヴィトン・モエ・ヘネシーの頭文字であるが，まさにこのモエ・エ・シャンドンとヘネシーこそ，スパークリングワインとブランデーの著名メーカーであり，著名ブランドである。これら以外にも，シャトー・ディケム，ドン・ペリニヨン，ルイナール，ヴーヴ・クリコ，クリュグなど，錚々たるブランドが傘下に並んでいる。

　高価格の飲料は，他にはレミー・マルタンやボルドーの5大シャトー，ロマネ・コンティをはじめとするDRC（ドメーヌ・ド・ラ・ロマネ・コンティ）社のワインといったところが代表的であったが，昨今は，また違う方向性の取引がなされるようになってきている。

　例えば，デジタル画像のNFTが付与されたマグナム・ボトルのシャンパンが，250万ドルで取引されたという。購入したのはイタリア人の投資家だが，あくまで投資目的としての購入だったということである。かつて，難破船から引き揚げられたシャンパンや，100年以上前のシャンパンが，数百〜数千万円で取引されたこともあったが，こうした時間軸やストーリーとは異なる，新技術による取引がこのような結果につながったというのも，これからの新しい動きとなっていくのかもしれない。

# *4* 宴会部門におけるラグジュアリー

## （1）宴会部門の特徴

　フル・サービス型ホテルを中心に，一部のホテルには，宴会場利用を販売する宴会部門がある。宴会場はさまざまな使用方法があることが特徴の1つとして挙げられる。結婚式や披露宴，長寿のお祝い，法要といった個人利用，企業の会議や総会，新商品発表会，同窓会，展示会といった法人利用や団体利用など，さまざまな使用方法が挙げられる。これらは通常，基本的には「婚礼」と「一般宴会」の2種類に大別される。

　まず，結婚に関するイベントは，非常に多岐にわたっていることには注意が必要である。カップルが結婚する流れに沿って考えると，男女のマッチングイベントにあたる「婚活パーティー」や「お見合い」からはじまり，結婚することが決まった後には「結納」や「両家顔合わせ」，そして結婚することを誓うセレモニーである「結婚式」，親族や友人への披露の場となる「披露宴」や「披露パーティー」，さらには披露宴後の「2次会」をはじめとした結婚当日のイベントなどが続くことになる。

　こうしたイベントのうち，宴会場を使用して行われるイベントで「婚礼」を除いたものはすべて「一般宴会」という種類となる。よって一般宴会に含まれるイベントはきわめて多種多様なものになる。ただ，あまりにもイベントが多岐にわたってしまうため，一般的には「個衆会合」と「法人会合」に分類されることが多い。

　「個衆会合」とは，個人の集まりを中心としたイベントである。そして，個衆会合の中でも大別するとライフイベントに関する個衆会合とその他の個衆会合に分けることができる。ライフイベントとは，人が生まれてから一生のうち，そして亡くなってからのイベントが該当する。例えば，お宮参りや七五三後の会食，長寿の祝いをはじめとした誕生日の祝い，退職祝いなどがこれに該当する。また，葬儀後の精進落としやお別れの会，法要などもこの「個衆会合」に該当する。その他の個衆会合とは同窓会や叙勲による祝い，趣味の会などが該

100

当する。

「法人会合」とは，企業および団体が主催して行われるイベントである。個衆会合以上に多種多様なイベントがあり，さまざまに分類される（**図表6-5**）。

また，イベントの形式も多様である。例えば，パーティーのように飲食をともなうものや，会議や展示会のように飲食をともなわないものなど，飲食の有無によっても分けられる。

[ 図表6-5 ] 法人会合の目的と種類

| 主催 | 目的 | 宴会の種類 |
|---|---|---|
| 団体が主催 | 人材交流など | ●励ます会<br>●忘新年会<br>●総会，理事会<br>●研修会<br>●学術講演会<br>●叙勲や褒章に代表される受賞祝賀会<br>●趣味の会（ダンスパーティーなど）　など |
| 企業が主催 | 販売促進など | ●学術講演会<br>●各種招待会<br>●新商品発表会<br>●展示会<br>●展示招待会<br>●内見会<br>●ファッションショー　など |
| | 会社行事など | ●周年記念パーティー<br>●落成披露パーティー<br>●就任披露パーティー<br>●決起大会<br>●株主総会，株主招待会<br>●取締役会<br>●賀詞交歓会　など |
| | 福利厚生など | ●入社式<br>●歓送迎会<br>●研修セミナー<br>●キックオフ大会<br>●会社説明会<br>●社員家族会・社員表彰会　など |

出典：小野田（1994）をもとに著者作成。

## (2) 宴会商品の特性

　このようにホテルの宴会場においては，飲食の有無はその都度の利用方法によって違いがあるものの，大勢の人間が同時に集まるという点は共通している。すなわち，複数の人間が同時に集まるということは，当日になって突然，宴会が発生することはほとんどないということでもある。宿泊部門では「ウォーク・イン」と呼ばれる，当日に予約なしで来館する宿泊客が存在し，レストランやバーなどの料飲サービス部門でも予約を入れずに来館するお客様は多い。

　しかし，宴会部門では大部分が数日前の事前予約ということになり，当日に発生することがあったとしても，当日の早い段階での予約ということになる。ちなみに当日に予約が入る宴会場での案件としては，小規模な臨時会議や緊急記者会見などが中心となる。特に緊急記者会見に関しては新聞記者や報道関係者などが大挙することもあり，大規模から中規模な宴会場を使用するということも多い。こうした例外はあるものの，いずれにしろ宴会部門は事前に予約し，内容を詰めておくことが大前提ということになる。

　また，宴会施設における利用者が予約者のみではないということも特徴である。宿泊や料飲施設における予約は利用者本人が予約し，本人を含むごく近い小人数が利用することがほとんどであるが，宴会の場合には予約者はあくまでも利用者のごく一部であり，予約者以外にも多くの参加者が集うことになる。例えば，結婚披露宴は多くの場合，予約者は新郎新婦であり，新郎新婦以外に多くの招待客が参加する。また，企業や団体が主催する宴会においても予約者は利用者の一部であり，予約者以外にも多くの参加者が存在することになる。

## (3) 一般宴会部門におけるラグジュアリー

　長沢訳（2017）では，「主要6か国の消費者にとって，ラグジュアリーが喚起する意味」という調査データを記載している（**図表6-6**）。これによると，日本人の1位は他の多くの国と同様に「高品質」であるものの，2位は「名声」となっている。このことから，日本ではラグジュアリーを喚起させる要素として

[ 図表6-6 ] 主要6か国の消費者にとってラグジュアリーが喚起する意味

| | 日本 | フランス | 米国 | 中国 | ブラジル | ドイツ |
|---|---|---|---|---|---|---|
| 1 | 高品質 | 高品質 | 高品質 | 高価格 | 高品質 | 高品質 |
| 2 | 名声 | 名声 | 高価格 | 高品質 | 喜び | 高価格 |
| 3 | 高価格 | 高価格 | 名声 | ファッション | 夢 | ファッション |
| 4 | 世俗的でない | 喜び | 喜び | 少数派 | 高価格 | 夢 |

出典：長沢訳（2017）をもとに著者作成。

「名声」が重要なものとなっていることが理解できよう。これは，宴会部門の商品特性である「予約者のみではなく大勢のお客様が集まる」ということを踏まえれば，高品質であるのはもちろんだが，名声も重要なポイントということになる。

　第7章で詳しく触れる御三家が御三家たるゆえんの1つに，他のホテルとは，宴会の受注状況が異なっていたことが挙げられる。1990年頃までは，企業の社長就任披露パーティーや，政治家のパーティーといった華やかな集いは，御三家が圧倒的だったからである。このことも，名声が重要となることの証左といえよう。

　それでは，法人利用ではなく，個人利用の場合はどうであろうか。その点をブライダルの事例から検討する。

# *5* ブライダル部門におけるラグジュアリー

## (1) ブライダルを考察する前提

　ブライダル業界においても近年，ラグジュアリーという言葉は多用されている。『ゼクシィ』をはじめとした結婚情報誌の誌面，結婚情報サイトのページ，各ホテルのホームページなどさまざまな場面で使用されている。ブライダル業界では披露宴ができる施設がフル・サービス型ホテル以外にも専門式場，ゲストハウス，レストランなど多様に存在するが，施設別にみてみると，やはりホ

テルでの披露宴に対してラグジュアリーという言葉が使用されていることが多い。そして，ホテルウェディングの中でも，披露宴会場の施設に対して，ラグジュアリーという言葉が見受けられる。

　ラグジュアリーという言葉は，以下の3つの条件に当てはまる披露宴会場に対してよく使用されているようである。

- 広さがある（収容人数100名以上）
- 天井高が概ね5m以上
- 豪華なシャンデリアなどの装飾

　このような特徴がある披露宴会場は，ホテルに多く存在しているということも，ホテルウェディングの場面でラグジュアリーという言葉が多用されている理由の1つであろう。ちなみに，結婚式場やゲストハウスなどのウェディングにおいては，屋外施設や窓がある宴会場が多いことから，ラグジュアリーではなく「アットホーム」といった表現が多用される傾向がある。

　ここで注意しておきたいのが，ブライダルにおいてラグジュアリーという言葉を使用しているホテルは，宿泊部門におけるラグジュアリー・ホテルと必ずしもイコールではないという点である。宿泊部門では「エコノミー」や「ミッドプライス」に位置するホテルでも，ブライダル業界ではラグジュアリーとい

[写真6-5] ラグジュアリーな披露宴会場（マナーハウス島津重富荘）

[写真6-6] 同じ披露宴会場の違う照明バージョン

う言葉を用いている。ブライダル業界では「ホテルでの披露宴＝ラグジュアリー」という意識が働いていることが大きいのかもしれない。

　ただし，ウェディング・プランナーの接客については，ラグジュアリーといわれる会場とそうでない会場とで大きな乖離があるというわけではない。多くのウェディング・プランナーが，一組一組の新郎新婦のために全力を尽くしているという点は付け加えておきたい。

## (2) ブライダル商品の特性

　公益社団法人日本ブライダル文化振興協会（BIA）が発行しているブライダルコーディネーターのテキストによれば，ブライダル商品は以下のような特徴があるとされる（図表6-7）。

　平均で360万円以上にもなる「高額商品」であることや，すべての披露宴が違う内容であるという「皆異商品」であるという点は，ラグジュアリーを連想させる商品特性であるといえる。

　また，その他にも前述したとおり「お客様は新郎新婦のみではない」という点も重要な特徴である。披露宴会場を決めるのは新郎新婦であるが，当日のお客様は新郎新婦のみではなく新郎新婦が招待したお客様全員となる。新郎新婦が感じるラグジュアリーはもちろん重要ではあるが，列席者にもラグジュア

[ 図表6-7 ] ブライダル商品の特徴

| 高額商品 | 1組当たりの結婚式・披露宴の平均費用は，全国平均で約360万円と非常に高額である。一般に，高額商品の購入を考える人は慎重になり，他の商品と比較してじっくり検討する，検討期間が長い，という傾向がある。 |
|---|---|
| 未体験商品 | 初婚カップルにとっては，結婚式・披露宴とも初めて経験する「未体験商品」である。また，当日まで実際には体験できない，という特徴を持つ。 |
| 消滅商品・1回商品 | ブライダルの準備期間は長いが，実際の結婚式・披露宴は1回きりで，写真や映像メディアなどを除けばあとに残らず消えてしまうという，特徴がある。高額商品であるのに消えてしまい，再婚カップルを除けばリピーターがいない，特殊な商品である。 |
| 皆異商品 | 結婚するカップルの希望・要望は多岐にわたり，理想の結婚式・披露宴はカップルごとに1件1件すべて違っている。会場のコーディネートや演出・進行などはカップルごとに異なり，同じブライダルは2度とない，すべて異なる皆異商品である。 |

出典：日本ブライダル文化振興協会（2023）をもとに著者作成。

リーを感じていただくことも重要であるという点は，宿泊部門とは異なる考え方が必要になるであろう。


## （3）新郎新婦にとってのラグジュアリー

　新郎新婦はまず，会場選びの段階からラグジュアリーを感じている。前述のとおり，会場の広さ・天井高・華やかな装飾などにラグジュアリーを感じるのである。ただし，実際に会場を選択する際には広さから生じるラグジュアリーの要素は弱まる。客室の場合には広ければ広いほどラグジュアリーを感じる要素になるが，宴会場の場合には無駄に広すぎることはマイナス要素となる。なぜなら，広すぎる会場で披露宴をすると隙間が多くなり，披露宴自体が盛り上がりに欠けてしまうからである。披露宴をはじめとした宴会場は客室とは違い，適正人数よりも少し広いくらいの宴会場を選ぶことが重要である。

　また，リクルートブライダル総研の「ゼクシィ結婚トレンド調査　首都圏2023」によれば，披露宴を挙行した理由のトップ3は以下となっている。

[図表6-8] 披露宴における1人当たり料理・飲物金額の推移(単位:円)

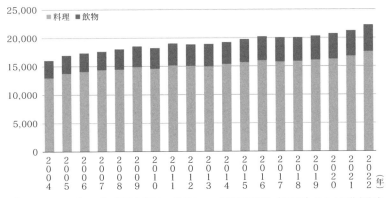

出典：リクルートブライダル総研「ゼクシィ結婚トレンド調査首都圏」(各年度)をもとに著者作成。

①親・親族に感謝の気持ちを伝えるため
②親・親族に喜んでもらうため
③友人など親・親族以外の方に感謝の気持ちを伝えるため

こうしたことから，自分たちだけでなく列席者にラグジュアリーを感じていただきたいという想いを実現することは，新郎新婦にとっても重要なものになろう。

列席者にラグジュアリーを感じてもらいたいと考える新郎新婦がこだわる重要なアイテムとして，料理・飲料が挙げられる。結婚披露宴では，会場の雰囲気とともに料理がラグジュアリーを感じる重要な要素である。近年では「おもてなし婚」が流行っており，料理・飲物に費用をかける新郎新婦が増えている（**図表6-8**）。2022（令和4）年の調査では1人当たりの料理と飲料の合計額が22,300円で，過去最高となっている。直近の5年間でも1人当たりの金額は2万円以上で推移しており，この流れは当面，続くとみられている。

## (4) 列席者が感じるラグジュアリー

それでは，列席者は実際に，どのような点でラグジュアリーを感じるのであろうか。

まずは地方によっての違いもあるかもしれないが，前にも述べたように，「ホテルウェディング＝ラグジュアリー」という意識が働いているということが挙げられる。ホテルは，その地域のランドマークとして名声を保持していることが多い。そのようなホテルでの披露宴は，一種のステータスであり，ラグジュアリーを感じる方が多い。列席者が〇〇ホテルで結婚式を挙げると聞けば，披露宴の雰囲気や会場が想像しやすいということが大きな要因である。これは披露宴のみにとどまらず，フル・サービス型ホテル全体のお客様にも通じよう。不特定多数のお客様が利用されるフル・サービス型ホテルのラグジュアリーとは「名声」，いわゆる「その地域での知名度」も非常に重要な要素ということである。

# *6* ホテルの部門とラグジュアリー概念

本章では，ホテルのラグジュアリーを研究の対象とするうえで，前提となるフル・サービス型ホテルの場合について，宿泊部門のみならず，料飲サービス部門や宴会部門における状況も含めて検討した。宿泊部門はホテルのラグジュアリーを語るうえで重要な要素ではあるが，ラグジュアリーと分類されるホテルにはそれに見合った料飲サービス部門や宴会部門の存在が不可欠である。

ただ，ラグジュアリーとの判断を下すには，大勢のお客様に対応する必要があり，ハード的な設備や雰囲気以外にも，名声や知名度などのホテルのブランド力も重要な要素となる。加えて，いわゆる「格」のような要素も，大きく影響を及ぼすことがある。

そこで，第7章と第8章では，こうした名声などを長年にわたって築き上げてきたホテルの例を検討していく。

## ► 注

1) 第3節（4）補論は，ワインの研究に長年取り組んでおられる青山容子氏の記述をもとに構成した．

## ► 参考文献

小野田正美（1994），『ホテル旅館経営選書　ホテルの宴会戦略』柴田書店.

徳江順一郎編著（2023），『宿泊産業論（改訂版）―ホテルと旅館の事業展開』創成社.

長沢伸也訳（2011），『ラグジュアリー戦略―真のラグジュアリーブランドをいかに構築しマネジメントするか』東洋経済新報社．(Kapfere, J. N. & B. Vincent（2009），*The Luxury Strategy ― Break the Rules of Marketing to Build Luxury Brands*, Kogan Page Publishers.)

長沢伸也訳（2017），『カプフェレ教授のラグジュアリー論―いかにラグジュアリーブランドが成長しながら稀少であり続けるか』同友館．(Kapferer, J. N.（2015），*Kapferer on Luxury ― How Luxury Brands Can Grow Yet Remain Rare*, Kogan Page Publishers.)

日本ブライダル文化振興協会（2023），『ブライダルコーディネーターテキスト スタンダード（第4版）』日本ブライダル文化振興協会.

村上信夫（2004），『帝国ホテル厨房物語』日本経済新聞社.

グランドハイアット東京HP, https://www.hyatt.com/（2022年7月14日閲覧）.

国土交通省（2006），「住生活基本法概要」（2006年6月8日）https://www.mlit.go.jp/jutakukentiku/house/jyuseikatsuho/hogaiyo.pdf（2022年7月13日閲覧）.

国土交通省（2021），「住生活基本計画（全国計画）」（2021年3月19日）https://www.mlit.go.jp/common/001392030.pdf（2022年7月13日閲覧）.

コンラッド東京HP, https://conrad-tokyo.hiltonjapan.co.jp/（2022年7月14日閲覧）.

ザ・キャピトルホテル東急HP, https://www.tokyuhotels.co.jp/capitol-h/（2022年7月14日閲覧）.

ザ・プリンスギャラリー東京紀尾井町HP, https://www.princehotels.co.jp/kioicho/（2022年7月14日閲覧）.

ザ・ペニンシュラ東京HP, https://www.peninsula.com/ja/tokyo/5-star-luxury-hotel-ginza（2022年7月14日閲覧）.

ジ・オークラ東京HP, https://theokuratokyo.jp/（2022年7月14日閲覧）.

帝国ホテル東京HP, https://www.imperialhotel.co.jp/j/tokyo/index.html（2022年7月14日閲覧）.

パレスホテル東京HP, https://www.palacehoteltokyo.com/（2022年7月14日閲覧）.

ホテルニューオータニ（東京）HP, https://www.newotani.co.jp/tokyo/（2022年7月14日閲覧）.

リーガロイヤルホテル大阪HP, https://www.rihga.co.jp/osaka（2022年7月14日閲覧）.

リクルートブライダル総研「ゼクシィ結婚トレンド調査首都圏」各年版.

リクルートブライダル総研（2023），「ゼクシィ結婚トレンド調査　首都圏2023」（2023年10月25日）https://souken.zexy.net/research_news/trend.html（2024年4月4日閲覧）.

（杉浦 康広・田上 衛・徳江 順一郎）

# 第 7 章
# 東京における「ホテル御三家」の系譜

**帝国ホテル東京の名物・ロビーの装花**

　従前の高級ホテルといえば,「御三家」と呼ばれた「帝国ホテル」「ホテルオークラ」「ホテルニューオータニ」に触れないわけにはいかない。海外から高価格帯のみを標的市場としたホテルが進出してきても,依然として御三家の威光は衰えていない。特に,国賓や公賓の接遇や国際会議の開催に関しては,一歩抜きん出ているものがあるようだ。その点を,歴史的経緯も含めて概観する。

# *1* はじめに

　明治維新前後に初のホテルが誕生して以来，わが国のホテル市場は，長らく数少ないホテルの寡占状態にあったが，1964（昭和39）年の東京オリンピックを契機として成長過程に入った。その後，ホテル専業企業以外にも鉄道会社や航空会社，不動産会社など異業種からの参入もあり，第2次，第3次ホテルブームと呼ばれる開業ラッシュも生じながら，需要も伸び続けた。

　外国資本の参入については，明治，大正時代にかけて外国人居留地だった横浜など一部の地域で相次いだ時期があったが，全般的には比較的穏やかな競争環境にあったといえる。戦後も，東京オリンピックの前年，1963（昭和38）年に開業した「東京ヒルトンホテル」を除き参入はなかったが，1990年代以降急速に，いわゆる「外資系」と呼ばれる外国資本のホテルが次々に開業し，それまでの業態とは大きく異なるマーケティング戦略を採用し，注目を集めるようになる。すなわち，既存の高級とされるホテルが，シングルからスイートまで多様な客室を取り揃え，和洋中の料飲サービス施設と大中小の宴会場を付帯したものであったのに対し，高価格帯の客室のみを提供し，宴会場やレストラン，バー・ラウンジなどの料飲サービス施設は数と種類を絞ったスタイルを確立したのである。また，経営形態も，従前は所有直営型が主流であった日本において，運営受委託方式（マネジメント・コントラクト：MC）を採用するなど新規性に富んだビジネスを展開した。そして，こうしたホテルの一部が，「ラグジュアリー・ホテル」などと呼ばれるようになった。

　一方1890（明治23）年開業の「帝国ホテル」（現：帝国ホテル東京），1962（昭和37）年開業の「ホテルオークラ」（現：ジ・オークラ東京），1964（昭和39）年開業の「ホテルニューオータニ」（現：ホテルニューオータニ（東京））の3ホテルは，「御三家」と呼ばれ，長年にわたってわが国のいわゆる「シティホテル」のモデルとなり，人材供給源でもあり続けてきた。この3ホテルは，国賓や公賓の接遇を一手に引き受けてきたことで，現在でも一定の存在感を保ち，高級ホテルの代名詞とされてきた。

　こうした御三家の歴史をたどりつつ，共通する要素やつながりを抽出するこ

とで，御三家の事業展開と果たしてきた社会的役割についても明確化すること
が本章の目的である。

## *2* 御三家と賓客

### (1) 御三家とは

　わが国では，いわゆる「ビッグ3」や「トップ3」のことを「御三家」と称す
ることがある。

　江戸時代，徳川家康の第9子義直が始祖となる尾張徳川家，第10子頼宣の紀
州徳川家，第11子頼房の水戸徳川家を「徳川御三家」といい，徳川の姓を名乗
ることや「三つ葉葵」紋の使用が許されるなど，他の親藩大名とは別格の扱い
となっていた。事実，将軍の世継ぎが途絶えた際には，紀州そして水戸（ただ
し，その後に創設された「御三卿」の一橋家を経由）から将軍が迎えられてい
る。

　この用法が拡大され，例えば，昭和の歌謡界では，橋幸夫，舟木一夫，西郷
輝彦が，その後に野口五郎，郷ひろみ，西城秀樹が「御三家」あるいは「新御
三家」と呼ばれていた。実業界でも，「三井御三家」の三井住友銀行，三井物
産，三井不動産，「三菱御三家」の三菱UFJ銀行，三菱商事，三菱重工業など
の用例が見受けられる。そして教育界でも，東京の私立中学・高校の「御三家」
は開成，麻布，武蔵，神奈川の「女子校御三家」がフェリス，横浜雙葉，横浜
共立，最近では出産の「御三家」として愛育病院，山王病院，聖路加国際病院
が挙げられたりしている。すなわち，「売れている」あるいは「売上高」といっ
た規模的要因，偏差値や価格帯，さらには「格」などが軸となり，そのトップ
3を「御三家」と称するのである。

　ホテル御三家の場合，必ずしもその規模の大きさから御三家と呼ばれるよう
になったわけではない。そもそもは，1974（昭和49）年，改修によって再生し
た迎賓館での国賓接遇をホテルオークラが受注し，以降，帝国ホテル，ホテル
ニューオータニの3社が随意契約により輪番で請け負うことになったことから，

113

マスコミなどが御三家と呼ぶケースが多くなったようである。なお，現在迎賓館の国賓接遇は指名競争入札となっている。

また，1992年に藤田観光がフランチャイズ契約（FC）により開業させたフォーシーズンズホテル椿山荘東京（現：ホテル椿山荘東京），1994年に開業したパークハイアット東京，ウェスティンホテル東京は，一時期「新御三家」と呼ばれ一世を風靡した。さらに2006年に開業したマンダリン・オリエンタル東京，2007年開業のザ・ペニンシュラ東京，ザ・リッツカールトン東京を新々御三家と称する向きもある（他に，コンラッド東京やシャングリ・ラ・ホテル東京などを入れるという説もある）。

## (2) 賓客の受入におけるポイント

国賓や公賓など，賓客の宿泊要件の中で最優先されるのは，豪華な設備や洗練された内装などではなく，実は警備である。そのため，例えば地下鉄につながる通路があるホテルは，原則として対象外となる。ホテルの選定にあたっては，当該国の先遣隊による候補ホテルのインスペクションを経て決定することが多く，その際の候補ホテルによるプレゼンテーションが決定要因となる。

3ホテルの共通点として，賓客の宿泊受け入れに対し，創業の理念に基づく強い使命感とアイデンティティを持つことが挙げられる。賓客滞在中における一般客の利用制限などにより短期的に利益を失うことがあっても，賓客受け入

[ 図表7-1 ] 賓客の分類

|  | 国賓 | 公賓 | 公式実務訪問賓客 | 実務訪問賓客 |
|---|---|---|---|---|
| 対象 | 国王や大統領<br>（国家元首） | 副大統領，<br>皇太子，王族 | 国公賓に同じ | 国公賓に同じ |
| 宿泊先 | 迎賓館 | 迎賓館 | 迎賓館またはホテル | ホテル |
| 要件 | 閣議決定 | 閣議了解 | 閣議了解 | なし |
| 備考 | 同一人物は<br>10年に一度 | 同一人物は<br>10年に一度 |  |  |

出典：外務省資料をもとに著者作成。

れを担う「名誉」と「栄誉」を重要と考えているのである。その使命感を支えるのは，要人が滞在するホテルに対して払う敬意である。実際に国公賓が滞在するホテルでは，到着や出発の際に社長や総支配人が対等な立場で挨拶し，記念撮影をするのが通例である。

なお，賓客にはその立場などに応じた区分がある。それをまとめたものが図表7-1である。

## *3* 御三家の歴史：1960年代半ばまで

### (1) 帝国ホテル

3ホテルのうち，最も歴史が古いのは1887（明治20）年に創業した「帝国ホテル」である。当時，列強と締結した不平等条約改正に向けて欧化政策を推進した井上馨が創業を提唱し，渋沢栄一，大倉喜八郎を中心とする財界と政府が協力して誕生させたホテルである。

1890（明治23）年に開業した初代本館は，ベックマン，コンドル双方のもとで学んだ建築家の渡辺譲が設計したネオ・ルネッサンス様式の西洋建築であり，客室数60室，食堂の他，舞踏室（ボールルーム），撞球（ビリヤード）室

[写真7-1] 1890年開業の帝国ホテル初代の本館

出典：帝国ホテル提供。

などを備えていた（帝国ホテル（1990），内田ら（2023）より）。なお，初代本館の建築工事は大倉喜八郎，渋沢栄一，藤田伝三郎らにより設立された日本土木会社が担当した。

1909（明治42）年，渋沢栄一の引退にともない，後任として会長に就任し，ホテルを支えたのが大倉喜八郎である。続いて，同年初の日本人支配人に就任した林愛作が，2代目本館，通称「ライト館」の建築を米国人建築家フランク・ロイド・ライトに依頼した。施工は帝国ホテルが招いたアメリカ人施工技師ポール・ミュラーが担当した。㈱大倉土木は，着工の翌年，日本土木㈱と改称し，工事に関わった。しかし，工期は遅れ，予算も大幅に超過することとなった。折悪しく，1922（大正11）年初代本館が火災で焼失，責任を取って喜八郎と林愛作ほか取締役全員が辞任し，喜八郎の息子である大倉喜七郎（以下，「喜七郎」という）が会長職を引き継いだ。ライトも工事半ばで帰国することになる。

1923（大正12）年9月1日のライト館開業当日，関東大震災が発生し，周囲の建物が崩壊する中，ライト館の被害は軽微であり，各国大使館や通信社などに客室を提供したことが知られている。ライト自身が「古き日本に敬意を表す」建築と語ったとおり，日本古来の建築に対する敬意と初代帝国ホテル本館を含む，日本の西洋建築群への痛烈な批判が，ライト館に投影されて，西洋建築とも日本建築ともいえない独特の外観が異彩を放っていた（明石（2004），内田ら（2023）より）。

1923（大正12）年，社長制の導入により喜七郎が初代取締役社長に就任（1930（昭和5）年に社長制は廃止）して経営したのは，このライト館であった。1882（明治15）年に生まれ，1900（明治33）年，英国のケンブリッジ大学に入学，7年後に帰国した喜七郎は，「西欧の教養と英国貴族趣味を身につけ」（帝国ホテル（1990），p.715），在英中には日本人として初めて自動車レースに出場し，後年には自動車産業振興に貢献した。また1924（大正13）年に日本棋院を創設し，1931（昭和6）年には札幌大倉シャンツェ（現：大倉山ジャンプ競技場）を私費で建設したほか，日本の美術界を支援し，買い上げた作品を「大倉集古館」に寄贈するなど多彩な分野にわたりパトロンとして支えた。喜七郎は，その知見をホテル経営にも活かしたといえる。

喜七郎が帝国ホテルに及ぼした影響は大きい。例えば，1928（昭和3）年からフランスに料理人を派遣するにあたり，費用の一切を喜七郎がポケットマネーから拠出している。この派遣では，後に第8代料理長となる石渡文治郎がまず渡仏し，第2次では，後に第9代料理長となる常原久弥が，第3次は資材担当の郡司茂が派遣された。

　1930年代，日本は外貨獲得のために国際観光ホテル建設を推進することになり，帝国ホテルも各地のホテルに対して経営の支援や人材を派遣した。喜七郎がフランスに派遣した常原と郡司は，1935（昭和10）年の「新大阪ホテル」（現：リーガロイヤルホテル…詳しくは第8章を参照）開業に際し，総支配人と料理長を務め，総勢82名のスタッフを率いた。その他には1933（昭和8）年に開業した「上高地ホテル」（長野県より運営受託，後に「上高地帝国ホテル」となる），1935（昭和10）年開業の「名古屋観光ホテル」，1936（昭和11）年開業の「川奈ホテル」，1937（昭和12）年開業の「赤倉観光ホテル」が該当する。ちなみに，川奈ホテルの敷地も，喜七郎が私費で取得した土地であった。さらに，帝国ホテルを常宿としていたオペラ歌手・藤原義江の晩年には，その滞在費まで支払った。なお川奈ホテル，赤倉観光ホテルは，後年「ホテルオークラ」のチェーンに加わることになる。

　1945（昭和20）年，「公職追放」により喜七郎は取締役会長を辞任した。社長制が復活し，代表取締役社長に就任したのは犬丸徹三であった。帝国ホテルは1952（昭和27）年まで接収され，連合国軍総司令部（GHQ）の将官や高官の宿舎として使用された。接収解除後は日本の国際社会への進出とともに順調に成長し，1964（昭和39）年の東京オリンピックを迎えることになる。

## （2）ホテルオークラ

　オリンピックの開催に向けて，東京ではホテルの建設が相次ぎ，第1次ホテルブームと呼ばれるまでになった。そのような状況下，喜七郎が1958（昭和33）年に創業し，大成建設㈱により建設され，1962（昭和37）年に開業したのが「ホテルオークラ」であった。敷地は旧大倉邸である。実際に経営を担ったのは野田岩次郎（以下，「野田」という）であった。

財閥解体にともなう公職追放により，帝国ホテル会長辞任を余儀なくされた喜七郎は，「グランドホテル」建設の構想を温め，持株会社整理委員会にいた野田に相談を持ちかけた。その後，野田は1959（昭和34）年，喜七郎の要請により，半年で退任した元運輸事務次官・秋山龍の後任として社長を引き受けた。その際，喜七郎と話した内容は，ホテルオークラのコンセプトを実質的に決定したのは野田であったことを示している。すなわち，長く米国に暮らし，商社の駐在員として各地の一流ホテルを利用して商談を進めた野田の考え方こそが，ホテルオークラのコンセプトに反映されたのである。野田は喜七郎に対し「現在日本にあるホテルは全部外国の模倣であって日本の特色を出していない」と語り，日本の文化，美術，伝統を取り入れたホテルを創ることで，喜七郎と意見が一致したという（野田（1983）より）。当時日本のホテルといえば，東京ではやはり帝国ホテル2代目本館すなわち「ライト館」であった。したがって「日本にあるホテルは外国の模倣」という言葉はライト館を指していたと考えられる。皮肉なことに，野田の言葉とフランク・ロイド・ライトの「日本の西洋建築は，醜悪な舎利，まずいまがいもの」（明石（2004），p.45）という主張は同義といえよう。

　ホテルオークラの基本構造は「三ツ矢型建築」と呼ばれ，外観には城郭建築の様式を取り入れ海鼠壁をあしらった。内部にも日本の伝統的な意匠をふんだんに取り入れ，客室数550室，3,000人を収容できる大宴会場を備えた「グラ

[ 写真7-2 ] ホテルオークラの旧本館

出典：著者撮影。

ンドホテル」となった。東京オリンピック開催の直前，1964（昭和39）年9月には，開業2年足らずのホテルオークラを主会場としてIMF国際会議が開催された。日本のホテルとして初の大型国際会議の成功により，ホテルオークラは，金融関係者をはじめ世界にその名を知られることになった（日本ホテル協会（2009）より）。

## （3）ホテルニューオータニ

　御三家の中で最後に開業した「ホテルニューオータニ」は，東京オリンピックに向けて，ホテルの供給不足を憂えた東京都が，戦前に鉄鋼業で財をなした実業家の大谷米太郎（以下，「大谷」という）に対して，大谷が取得した元伏見宮邸跡地へのホテル建設を持ちかけたのがはじまりである。大谷は敗戦で財産の半分を失ったが，溶鉱炉と資材を軍に供出したため，戦後に財閥解体の対象になるのを免れたという（大谷（1992）より）。

　大谷が，知己を得ていた喜七郎に相談に行ったことから，工事は大成建設が担当することになった。すなわち，帝国ホテル・ライト館，ホテルオークラ，ホテルニューオータニともに大成建設（とそのルーツとなる組織）が関わっていたことになる。オリンピック担当大臣だった川島正次郎からの政府による資金面の援助も受けて，ホテルニューオータニは，着工後わずか1年半で竣工した。

## （4）グランドホテルの転換点と新たなビジネスモデル

　1970（昭和45）年，帝国ホテルは万国博覧会開催に向けて，総工費238億円（当時）をかけて，3代目となる本館を開業した。ライト館の解体にあたっては，国中を巻き込んだ保存運動が起きたほどであった。しかし新本館開業後，建設のための過大な投資と万博後の不況による需要の激減により，経営危機に陥った（山中（2022）より）。1,000室規模の客室数を競うグランドホテル建設は，帝国ホテルの新本館建設をもって転換点を迎えたといえよう。

　1980年代以降は，ホテルも多様化の時代を迎えた。1983（昭和58）年に開業した「インペリアルタワー」（現：帝国ホテルタワー）は，地下にレストラ

[ 図表7-2 ] 関連年表

| 年 | 帝国ホテル | ホテルオークラ | ホテルニューオータニ |
|---|---|---|---|
| 1887年 | 有限責任東京ホテル設立 | | |
| 1890年 | 「帝国ホテル」開業 | | |
| 1909年 | 渋沢栄一会長辞任，大倉喜八郎会長就任 | | |
| 1921年 | 大倉喜八郎会長辞任，大倉喜七郎会長就任 | | |
| 1923年 | ライト館開業 | | |
| 1945年 | 大倉喜七郎会長辞任，犬丸徹三社長就任 | | |
| 1952年 | 接収解除 | | |
| 1954年 | 第1新館開業 | | |
| 1958年 | 第2新館開業 | 大成観光㈱設立 | |
| 1962年 | | ホテルオークラ開業 | |
| 1963年 | | 大倉喜七郎死去 | 大谷国際観光㈱設立 |
| 1964年 | | | ホテルニューオータニ開業 |
| | 東京オリンピック開催 | | |
| 1970年 | 新本館開業 | 大阪万博開催 | |
| 1973年 | | 別館開業 | |
| 1974年 | | | タワー開業 |
| 1983年 | インペリアルタワー開業 | | |
| 1989年 | 平成即位の礼 | | |
| 1991年 | | | ガーデンコート開業 |
| 2019年 | 令和即位の礼 | | |
| | | 建て替えが完了し，ジ・オークラ東京として再出発 | |
| 2021年 | 東京オリンピック・パラリンピック開催 | | |

出典：著者作成。

ン，下層階にショップ，中層階にオフィス，そして上層階に客室とプールを備えた日本初の本格的な複合ビルである。ホテルの宿泊機能は，空間を時間軸で切り売りする点で不動産業と共通する。帝国ホテルはショップ，オフィス，ホテルと建物の用途を多元化させることで，ホテル経営をリスクヘッジするビジネスモデルを確立した。これに1991（平成3）年完成のホテルニューオータニの「ガーデンコート」が追随した。2019（令和元）年開業のジ・オークラ東京もオフィスとホテルとの複合構成である。

## *4* 御三家の特徴

### (1) 御三家たるゆえん

　賓客が御三家に宿泊することが多い理由は，まず，先にも述べたように警備のしやすさ，設備面の充実，随行員の宿泊のための一定規模の客室数，あらゆる要望や急な変更に応えられるノウハウの蓄積が挙げられる。一般に「ラグジュアリー・ホテル」と称される外資系を中心としたホテルの多くが，概ね200～300室程度の客室数で，要人専用施設や国際会議にも対応可能な大規模宴会場を持たないことが多いうえ，料飲サービス施設も限定的である。そのため，御三家と比較して設備面での対応力の「幅」が劣っているといえよう。加えて，客室数も少ないため，随行員も含めた収容力も十分とはいえない。

　宴会場における賓客接遇の好例として，ホテルニューオータニ（東京）が，令和即位の礼において，総理大臣夫妻主催晩餐会を担ったことが挙げられよう。これは，2019（令和元）年10月23日，同ホテルの「鶴の間」で開催された190か国の賓客662名が出席した祝賀晩餐会であった。同ホテルに宿泊していない各国賓客のプロトコールオーダーによる到着，出発のオペレーションに加えて，78卓，662名の料理を70分という限られた時間で提供したことも，きわめて画期的であった（ニュー・オータニ（2019）より）。このような，各国の賓客を迎える晩餐会における対応は，一定以上の規模と，長年にわたって蓄積されたノウハウがあって初めて可能なのである。

少なくとも、東京において、このような対応を完璧に成し遂げ続けてきた施設は他にない。こうした点も、3ホテルが御三家と称されるゆえんであろう。

## (2) 御三家のポジショニング

そこで、他ホテルとも比較しつつ、御三家の市場におけるポジショニングを明らかにしたい。まずは、御三家の客室数について確認する（**図表7-3**）。

このうち、ホテルニューオータニ（東京）は1964（昭和39）年開業の本館と1974（昭和49）年開業のタワーを開業以来何度も改修をくり返しながら使用している。特に、2007（平成19）年、本館の11階と12階に「ホテル・イン・ホ

[ 図表7-3 ] 御三家の客室数

|  | 帝国ホテル東京 | ホテルニューオータニ(東京) | ジ・オークラ東京 |
|---|---|---|---|
| 客室数 | 570室<br>他にサービスアパートメント：タワー：349室 | 1,477室<br>うち「エグゼクティブハウス・禅」：87室 | 508室 |
| スイート | 27室 | 60室 | 17室 |
| 備考 | サービスアパートメント転換前は合計919室 | 新江戸ルームスイート改修（2022年）前は1,479室 | 建て替え前は、約796室 |

出典：各社資料をもとに著者作成。

[ 写真7-3 ] 帝国ホテルの3代目本館と帝国ホテルタワー

出典：著者撮影。

テル」として開業した「エグゼクティブハウス・禅」は，ラグジュアリー・ホテルを強く意識したリノベーションであった。また，帝国ホテル東京も，1970（昭和45）年開業の本館の2度目の大規模改修の際には，フランク・ロイド・ライト財団の監修のもと，その名を冠したスイートを完成させた。

　一方，一般の客室をみると，**図表7-4**のようになる。各社とも4〜6万円台で販売する客室が中心となっている。2019（令和元）年に建て替えたジ・オークラ東京の標準客室は48㎡の広さがあるが，帝国ホテル東京とホテルニューオータニ（東京）には，30㎡前後の客室も少なくない。

　他方，2000年代以降に増加したラグジュアリー・ホテルは，10〜16万円台が提示料金となっている（2023（令和5）年時点）。ターゲットを絞り込んだ分，客室数も概ね200室前後が中心であり，「フォーシーズンズホテル丸の内東京」のように57室といったところも存在する。しかし，ラグジュアリー・ホテルでは200㎡を超えるような高額のスイートは1〜2室しか用意していない。こうした客室は，御三家では，国公賓と限られた富裕層の顧客のみに販売され

[ 図表7-4 ] 御三家の一般客室

|  | 帝国ホテル東京 | ホテルニューオータニ（東京） | ジ・オークラ東京 |
|---|---|---|---|
| 提示料金 | ・本館<br>　スーペリアツイン<br>　32m²<br>　　　　　　64,800円<br>・タワー<br>　サービスアパートメント<br>　スタジオツイン<br>　30m²<br>　　　　　　37,050円 | ・ザ メイン<br>　スタンダードダブル<br>　36m²<br>　　　　　　40,400円 | ・プレステージタワー<br>　プレステージツイン<br>　48m²<br>　　　　　　59,138円 |
| 一般客室の広さ | 32〜42m² | 27.3m²〜36m²<br>※ガーデンタワーの庭園側<br>　客室（27.3m²）はメイン<br>　のダブル（36m²）より料<br>　金が高い。 | 48〜63m² |

出典：各社HP，一休.comなどをもとに著者作成。
※客室料金は一休.comにおけるミニマムレート（1室2名税込）で統一。

てきたため，アップグレードを除く客室稼働率だけをみるときわめて低くなる。そのため，当該客室のみの利益率は低いのが現実である。客室数を絞れば絞るほど，このような客室の提供余力が減ずることは論を俟たないだろう。加えて，宴会場のないホテルもあり，国際会議などはあまり念頭に置いていないといえる。

なお，いわゆる「シティホテル」と呼ばれる国内資本のホテルも，多くは500〜800室程度の規模がある。こうしたホテルはいずれも，御三家をモデルとしていたこともあり，料飲サービス施設や宴会場も御三家に準じて多数揃えてきた。

ここで，御三家および建て替えによって賓客が宿泊するホテルの一角に入った「パレスホテル東京」，新々御三家などと称されることがある「マンダリン・オリエンタル東京」，「ザ・ペニンシュラ東京」，「ザ・リッツカールトン東京」に，かつて外資系ホテル新御三家と呼ばれラグジュアリー・ホテルのプライスリーダーであった「パークハイアット東京」を加え，横軸に客室規模，縦軸に料金帯をプロットしたところ，**図表7-5**のようになった。

この観点からすれば，「グランドホテル」というカテゴリーに御三家を中心としたホテルが属すると考えられる。そして，ラグジュアリー・ホテル群はグランドホテルのトップの富裕層顧客をターゲットに，いわば「スーパー・ラグジュアリー」といえるカテゴリーを形成しているとみることができよう。

トップのカテゴリーにポジショニングされたマンダリン・オリエンタル東京，

**[写真7-4]大規模リノベーション前のパークハイアット東京客室**

出典：関翔人氏。

ザ・ペニンシュラ東京，ザ・リッツカールトン東京について，開業当初における客室構成と料金を比較したところ**図表7-6**のようになった。驚くべきことに，2006（平成18）年から2007（平成19）年の開業時において，タリフ・

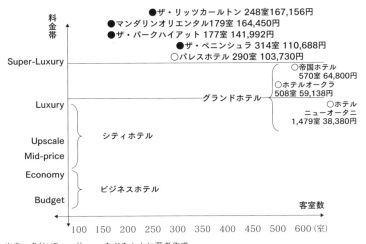

[ 図表7-5 ] 東京における高価格帯ホテルの客室規模と提示料金

出典：各社HP，一休.comなどをもとに著者作成。
※客室料金は一休.comにおけるミニマムレート（1室2名税込）で統一。

[ 図表7-6 ] 最高価格帯施設における開業時の客室料金構成

|  | マンダリン・オリエンタル東京 | ザ・ペニンシュラ東京 | ザ・リッツカールトン東京 |
|---|---|---|---|
| 開業年 | 2006年 | 2007年 | 2007年 |
| 客室数 | 179室 | 314室 | 248室 |
| 標準客室 | 50m²115室<br>65,100円（消費税込）〜 | 54m²150室<br>75,075〜80,850円<br>（消費税サービス料込） | 52m²160室<br>68,250円 |
| 高料金帯の客室 | 60m²42室 | 63〜65m² 30室<br>84,315〜924,000円 | 52m²52室<br>84,000円（クラブフロア）〜 |
| スイート | 22室90〜250m²<br>100,500円（消費税込）<br>250m²：840,000円 | 47室 81〜347m²<br>347m²：981,750円 | 36室100m²〜300m²<br>300m²：2,100,000円 |

出典：『月刊ホテル旅館』柴田書店，各号をもとに著者作成。

レートでは既に現在の御三家の料金を超えていた。3ホテルとも当時ラグジュアリー・ホテル市場の客室料金設定を牽引していたと目されるパークハイアット東京の料金構成を研究しており，東京の市場参入にあたって綿密なマーケティング戦略を立てていたことがうかがえる。

# 5 御三家とラグジュアリー・ホテル

御三家とラグジュアリー・ホテルについてまとめていこう。

## (1) 従前の御三家

御三家といえば国公賓の宿泊や国際会議のイメージが強いが，それぞれ客室数の規模からも，創業の理念においても，ビジネスユース，個人旅行も団体旅行も受け入れる，ターゲットをかなり広く設定したホテルであった。特に，1990（平成2）年頃までのホテル市場成長期にあっては，平日のインバウンドを中心とするビジネス需要に加え，歴史と伝統があるホテルに対する国内旅行者のいわば「憧れのホテル」という需要があり，団体旅行の受け皿としてのホテルの役割は大きかったと考えられる。しかし，この時期においても一部ではあるが，旅行ではなくホテル滞在を楽しむために泊まるという需要は既に存在していた。その需要に合わせて各ホテルから，「サマープラン」，「ウィークエンドプラン」，「レディースプラン」などさまざまな個人向け宿泊プランが発売された。

しかし，1990（平成2）年頃を境に，少なくとも東京のホテル市場は成熟期に入ったことが推測され，ホテルは多様化していった。1994（平成6）年のパークハイアット東京の開業にはじまるラグジュアリー・ホテルの出現は，新宿という立地であっても既存の日系ホテルに脅威をもたらした。その後，六本木ヒルズという地の利を得て「グランドハイアット東京」が2003（平成15）年に開業し，先に述べたマンダリン・オリエンタル東京，ザ・ペニンシュラ東京，ザ・リッツカールトン東京などがラグジュアリー・ホテル市場に参入するに

至って，これらのホテルは，従来のカテゴリーに収まらないスーパー・ラグジュアリーともいうべきポジションを確立した。そして，建て替えにより日系ホテルであるパレスホテル東京がその一角に入ったといえる。

## (2) ラグジュアリー・ホテル誕生への対応

　御三家も手をこまねいて眺めていただけではない。それぞれがさまざまな対応をしてきたのもまた事実である。

　その先陣を切ったのはホテルニューオータニ（東京）であった。前述したように 2007（平成 19）年，わが国最大クラスの客室数は維持しつつ，本館（この頃から「ザ・メイン」と呼ぶようになっている）の一部客室を改修して 11 階と 12 階に 87 室のホテル・イン・ホテル「エグゼクティブハウス・禅」を開業したのである。同年はザ・リッツカールトン東京，ザ・ペニンシュラ東京が開業した年でもあった。2017（平成 29）年には，ザ・メインの一般客室を，インバウンドおよび日本人富裕層に向けた檜風呂付「新江戸ルーム」に改修し，2022（令和 4）年には新江戸ルームにスイートを設けるなどリノベーションに注力している。2021（令和 3）年以降，エグゼクティブハウス・禅がフォーブス 5 スター，ザ・メインがフォーブス 4 スターを獲得し続けている。同ホテルは 1964（昭和 39）年開業のザ・メインを維持しており，2024（令和 6）年現在，建て替え計画は発表されていない。

　他方，ホテルオークラは建て替えを選択した。開業 50 年を待たずに，2019（令和元）年，オフィスビルのような外観を持つ高層棟でありながら，一歩エントランスを入ると，かつてのホテルオークラを彷彿とさせる内装の「プレステージタワー」（28 階～41 階，368 室）と，中層棟の「日本の美のエッセンスで創りこむ」（ホテルオークラ（2018）より）新ブランド，「ヘリテージウイング」（140 室）に生まれ変わったのである。しかし，2020（令和 2）年東京オリンピックの開催に合わせた開業であっただけに，コロナ禍の打撃も大きかったといえる。

　一方，帝国ホテル東京は，タワー開業時点の総客室数は 1,140 室であったが，段階的に客室数を減らす戦略を取ってきた。1990（平成 2）年に本館 5 階の客

室75室を客室利用客付帯施設に用途変更した。2006（平成18）年からの本館大規模改修時には、フロアごとにセキュリティドアを設置したうえで、各階に32㎡の客室2室をつなげたジュニアスイートを設け、スチームサウナを付帯させるなどしている。2009（平成21）年には6階客室18室をブライズルームなどウェディング関連施設に用途変更している。2015（平成27）年には、タワーの30階と31階客室を改修してプレミアム・フロアとした。近年ではコロナ禍で客室稼働率が過去最低となったことをきっかけに、サブスクリプション方式でタワー客室の一部99室をサービスアパートメントに転換し、2022（令和4）年にはタワーの全349室に拡張し、客室数減を図った。以降、本館570室規模での客室販売に舵を切ったのである。なお、タワーのサービスアパートメントは、2024（令和6）年6月をもってクローズした。

　今後は、2024（令和6）年から2036年頃にかけて、タワーに始まる12年にわたる建て替えのプロジェクトが待っている。

　直近の海外資本ラグジュアリー・ホテルの動きとしては、2023（令和5）年4月、「ブルガリホテル東京」が開業した。2024（令和6）年3月に開業した「ジャヌ東京」や2028年開業予定の「ドーチェスター・コレクション」などとあわせて、「令和の御三家」と呼ぶマスコミも現れた。他にもこのクラスでは、2025年開業予定の「フェアモント東京」なども注目されている。

［写真7-5］帝国ホテル東京のロビー（章扉とは異なる写真）

出典：著者撮影。

御三家と呼ばれてきた所有直営を旨とする㈱帝国ホテル，㈱ホテルオーク
ラ，㈱ニュー・オータニは，運営受託を中心とする世界的なラグジュアリー・
ホテルブランドの相次ぐ参入の中で，グランドホテルとして東京で500室以上
の客室規模を維持する意志を示している。それぞれの理念に基づく全方位型の
ホテルであり続けながら，3ホテルがどのように自らをポジショニングしてい
くのか，引き続き注視していきたい。


## ▶ 参考文献

明石信道，村井修写真（2004），『フランク・ロイド・ライトの帝国ホテル』建築資料研究社.

犬丸徹三（1964），『ホテルと共に七〇年』展望社.

内田彩・山中左衛子・徳江順一郎（2023），「近代ホテルにおける「和風」の変遷と諸相」『日本国際観
　　光学会論文集』No.30, pp.39-49.

大谷米太郎（1992），『私の履歴書5―昭和の経営者群像』日本経済新聞社.

帝国ホテル編（1990），『帝国ホテル百年史』帝国ホテル.

帝国ホテル編（2010），『帝国ホテルの120年』帝国ホテル.

日本ホテル協会編（2009），『日本ホテル協会百年の歩み』日本ホテル協会.

ニュー・オータニ（2019），『ホテルニューオータニ令和元年内閣総理大臣主催晩餐会』（政府観光庁，
　　駐日大使館向けに製作されたパンフレット）.

野田岩次郎（1983），『私の履歴書 財閥解体私記』日本経済新聞社.

ホテルオークラ東京（2012），『ホテルオークラ東京50周年記念誌　おもてなしに時をのせて』ホテル
　　オークラ東京.

山川清弘（2020），『ホテル御三家―帝国ホテル，オークラ，ニューオータニ』幻冬舎.

山中左衛子（2022），「井上馨から渋沢栄一へ　―欧化主義の実践と浸透―「帝国ホテル」と日本人の西
　　洋化」『帝京経済学研究』Vol.55 No.2, pp.21-33.

『週刊東洋経済』2023年5月13日，No.7112, 東洋経済新報社,.

『月刊ホテル旅館』各号，柴田書店.

一休HP, https://www.ikyu.com/（2023年7月3日閲覧）.

外務省HP,「国際儀礼（プロトコール）　要人接遇（国公賓等）」https://www.mofa.go.jp/mofaj/ms/
　　po/page22_003410.html（2023年7月1日閲覧）.

ザ・リーディングホテルズ・オブ・ザ・ワールドHP, https://jp.lhw.com/（2023年7月1日閲覧）

帝国ホテル（2021），ニュースリリース「サービスアパートメントをタワー館の全客室に拡張」（2021年
　　12月6日）https://www.imperialhotel.co.jp/j/company/release/pdf/sva_expansion.pdf/

帝国ホテル（2022），ニュースリリース「帝国ホテル 東京事業所の建て替え期間中における営業継続計
　　画について」（3月25日）https://www.imperialhotel.co.jp/j/company/release/pdf/20220325_
　　news_release.pdf/.

特定非営利活動法人日本自動車殿堂HP,「大倉喜七郎」https://www.jahfa.jp/2018/12/13/%E5%A4%
　　A7%E5%80%89-%E5%96%9C%E4%B8%83%E9%83%8E/（2023年7月1日閲覧）.

ニュー・オータニHP,「沿革」https://www.newotani.co.jp/group/company/outline/（2023年7月1

日閲覧).

ホテルオークラ（2018），プレスリリース「The Okura Tokyo 2019年9月上旬に開業」（2018年6月25日）https://www.okura.com/jp/news/pdf/180625.pdf.

ホテルオークラHP，「歴史・沿革」https://theokuratokyo.jp/company/history/（2023年7月1日閲覧）.

（山中 左衛子・徳江 順一郎）

# 第 8 章
# 大阪のホテル史
## ―「迎賓館ホテル」を中心に―

リーガロイヤルホテル（大阪）のロビー

　東京の御三家について考察したが、西日本の中心都市・大阪にも、東京都同様に、ラグジュアリー・ホテルとは異なる系譜のホテル群が存在した。ただし、大阪では東京と同様に海外からの進出があったうえに、東京からも多くのホテルが参入した結果、同様の存在感を示すホテルは、現在ではリーガロイヤルホテル1軒のみとなってしまっている。このホテルのたどってきた歴史を眺めると、さまざまな東京のホテルとの関係もうかがえ、興味深い事実が浮き彫りとなる。

# *1* はじめに

　わが国のホテルは，江戸時代末期，1858（安政5）年の日米修好通商条約の締結にともなう訪日外客の増加を期に誕生した。すなわち，ホテルが担った最初の役割は外国人を泊めることであり，当初から迎賓館的な機能も求められたことになる。その後，ホテルは時代の変化に合わせ，経営上の観点も加味し，提供する価値観や役割を変化させてきた。

　本章では，こうしたいわば「迎賓館ホテル」というべき施設が，大阪においてどのような歴史的経緯をたどってきたのかを明らかにする。特に，その中心的な役割を担った自由亭から大阪ホテル，新大阪ホテル，そしてロイヤルホテルからリーガロイヤルホテルという流れを軸に，設立趣旨や標的とする市場セグメントの変化を考察する。

　加えて，1990年代以降に開業した，迎賓館ホテルとは異なる役割を持つ「外資系ホテル」や「外資系ブランド」によるラグジュアリー・ホテルが急増した点にも言及する。これによって富裕層対策が急がれる日本のホテル市場における，特に迎賓館ホテルへの経営上の示唆などについて考察を加えたい。


# *2* 迎賓館ホテルとは

　本章では「迎賓館ホテル」という表現がしばしば出現する。これは，その都市を代表するような存在のホテルであり，国賓・公賓クラスの宿泊や宴席，国際会議の開催も可能な施設を指す。きわめて高価格の客室も保持する一方で，相対的に低価格な客室もあり，料飲サービス施設を多数揃え，国際会議にも対応した宴会場も擁している，いわゆる「フル・サービス型」のホテルである。第7章で述べた（東京の）御三家も，まさに迎賓館ホテルでもあったわけである。

　一方，これも第7章でも検討した「ラグジュアリー・ホテル」とは，21世紀に入った頃からわが国でも聞かれるようになった表現であるが，最高価格帯の市場をさらに細分化し，標的市場をより狭めたものと考えることができる。最

132

もベーシックな客室でも1泊10万円以上する施設もあるが、必ずしも国賓・公賓の接遇に適しているとはいえない。料飲サービス施設や宴会場も限定的であり、どちらかというと公用よりも私用、あるいはビジネス利用が主たる市場を構成することになる。

また、「外資系ホテル」や「外資系ブランド」といった表現は、経営が海外に本拠地を置くホテルチェーンによるもののみならず、運営、すなわち運営ノウハウの供与や人的協力、マーケティング面での連携などがなされている施設も含むことになる。

# *3*　大阪におけるホテルの歴史

## （1）新大阪ホテル以前

大阪における迎賓館ホテルは、1935（昭和10）年に開業した「新大阪ホテル」にはじまるといえよう。同ホテルは1973（昭和48）年に閉鎖されるが、その前の1965（昭和40）年に「大阪ロイヤルホテル」を開業しており、これが1973（昭和48）年の増築とともに「ロイヤルホテル」へと名称を変更し、1997（平成9）年に「リーガロイヤルホテル」へと再改称した。

本項では、まずは新大阪ホテル開業前の、いわば大阪におけるホテルの「前史」から述べていく。

日本におけるホテル第1号は、1860（万延元）年にオランダ人・フフナーゲルによって横浜居留地に開業した「横浜ホテル」といわれている。ただし、横浜ホテルは貧弱で、実際にはホテルのイメージとは少々異なっており、本格的なホテル第1号となる「築地ホテル館」の開業は1868（慶応4）年である。その後、1890（明治23）年に帝国ホテルが開業した。

他方、商都・大阪における当時のホテル事情について、堀田暁生の研究（堀田（1988, 2008, 2014）など）をもとにまとめてみる。

前述した日米修好通商条約により、大阪と江戸が開市することが決まった。1867（慶応7）年に開市が実現し、大阪では川口（現：大阪市西区川口の一部）

133

に外国人居留地が設置され，翌年には開港している。だが，市内にホテルがなかったことから，時の大阪府知事である後藤象二郎ならびに外国官権判事兼大阪府権判事の五代才助（友厚）が，長崎出身で，長崎でオランダ総領事のコックを務めた後に自身の西洋料理店「自由亭」を営んでいた草野丈吉（以下，「草野」という）に命じて外国人止宿所を設置させることとなった。それが大阪におけるホテル第1号の「自由亭」であり，開業は1868（明治元）年，場所は居留地に接する雑居地の梅本町である。

草野は，自由亭開業5年後の1872（明治5）年にロシア皇太子の，1877（明治10）年には鉄道開業式で大阪・神戸を訪問した明治天皇の料理を担当するなど，西洋料理に関しては大阪において最重要の立場にあったと考えられる。ただし，ロシア皇太子の宿泊場所は大阪市内の東本願寺別院であり，自由亭でなかったことから，建物・施設については迎賓館的な要素は少なかった可能性が高い。

実際のところ，自由亭の外観や施設，規模などの詳細な記録は現在のところ見つかっていない。唯一，大阪の浮世絵師であった二代目・長谷川小信の作品の一部に外観が描かれているだけである。絵図の中に短冊で施設名などが書かれており，その一つに「志ゆう亭」の文字がある。場所的にも「自由亭」と読み替えるのが合理的といえる。

[図表8-1] 浪花松嶋風景・流行往来賑之図

出典：神戸市立博物館。

草野の孫娘の婿である星岡重一による丈吉の伝記『暁霞生彩』によると，1869（明治2）年に土地，建物，備品などの購入費として，外務局に9,500両の借用書を提出したとの記録がある。

　草野は自由亭開業後，新店舗を大阪（1876（明治9）年），京都（1877（明治10）年），神戸（1885（明治18）年）に開業している。開業から13年間で，大阪・神戸・京都にホテルを開業しており，いわばチェーンホテルのはしりともいえる実業家である。

　この前後1881（明治14）年に自由亭は中之島へ移転し，名称も自由亭ホテルとしている。これは，大阪の居留地が，港の状況からあまり発展しなかったこともあり，貿易港としての役割が神戸に移ったことが大きい。今でもそうで

[図表8-2] 浪花松嶋風景・流行往来賑之図の部分拡大図

出典：神戸市立博物館を一部筆者付記。

[図表8-3] 自由亭ホテル（中之島）絵図

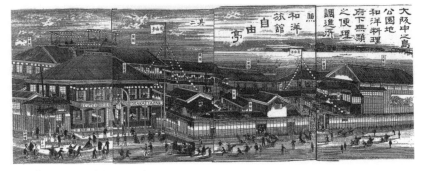

出典：『大阪市中近傍案内』，1888年。

あるが，中之島は堂島と堂島川を挟む地にあり，大阪における経済の中心地である。やがて自由亭ホテル（中之島）は隣接地も買収して拡大し，名称を「大阪ホテル」と改め，大阪を代表するホテルとなった。現存する資料から想像しても，「築地ホテル館」と遜色はなく，迎賓館的役割があったものと推察される。

　ただし，草野は1886（明治19）年に亡くなり，その後に事業を継いだ長女の草野錦は1898（明治31）年に事業を売却していることから，実際の業績については不明である。

　所有者が変わっても大阪ホテルは大阪を代表するホテルとして，迎賓館としての役割を担っていたようである。新しい所有者の意向で名前を「大阪クラブホテル」と変えたホテルは，1901（明治34）年に火災に見舞われ焼失するが，1903（明治36）年同地に大阪ホテルとして再建されている。

　再建後の大阪ホテルの規模，施設概要については，木村（2006）によると，「木造2階建て，500坪余り（延べ床面積と推測）の建物であった。1919（大正8）年頃にはバス付の洋室客室14をはじめ，大小宴会室，食堂，酒場，談話室，図書室，ビリヤード，調髪室などが設けられ，技量のあるコックが腕を競って西洋料理が供される大阪唯一のホテル」（p.180）とある。ここからも，大阪ホテルが同地での迎賓館ホテルの役割を担っていたことが確認できる。

#### ［図表8-4］大阪ホテル（火災再建後）

出典：国立国会図書館HP，『写真の中の明治・大正』より。

一方，当時の大阪の外国人来阪の実態はどうであったのだろうか。

国際観光局「入国外国人統計」（国立国会図書館）をもとにした国立公文書館アジア歴史資料センターHPによると，1912（明治45／大正元）年〜1939（昭和14）年の訪日外国人数は，1万6,000〜4万3,000人前後で推移している。大阪への訪問数については，2013（平成25）年度の訪日外国人1,036万4,000人のうち大阪市を訪れた外国人が262万5,000人であることから，同じ比率であるとすれば，年間4,000〜1万750人，すなわち1日当たり11〜29人となる計算である。また前出の木村（2006）では，1929（昭和4）年の大阪市による調査で，大阪ホテルの外国人宿泊数は2,541人，すなわち1日当たり約7人との数値が紹介されている。大阪ホテルの客室数は41室であったことから，外国人による客室稼働率は17％程度であったことになる。このことから，実態としては国際都市としてホテルが外国人を主たる対象としていたわけではなく，国内市場の規模もそれなりであったと思われる。

その後，大阪ホテルは1924（大正13）年に2度目の火災焼失に見舞われてしまった。今回の火災ではその立地が大阪市所有の中之島公園であったことから再建許可が下りなかった。そのため支店的なホテルであった今橋ホテル（大阪・今橋，1920（大正9）年開業）を大阪ホテルと改名して営業を続けた。

「大大阪」と呼ばれる都市であるにもかかわらず，大阪ホテル（旧：今橋ホテル）は施設的にみて迎賓館的なものとはいえなかった。そのため，大阪の政財界が，迎賓館ホテルを新たに建築することを目論んだのは当然といえる。

## (2) 新大阪ホテル開業の経緯

新大阪ホテルが開業する以前の大阪におけるホテルは，鐵道省（1934）によると，大阪ホテル（旧：今橋ホテル），堂ビルホテル，梅田ホテルのわずか3軒184室であった。これでは質量ともに足りないことから，大阪で迎賓館ホテルを求める声が政財界で高まってきた。

大阪商業会議所（現：大阪商工会議所）の稲畑勝太郎会頭が，1923（大正12）年に提唱したホテル設立構想提起に端を発し，具体的な事業計画がスタートして，翌1924（大正13）年には大阪市長・関一が，かつて師弟関係にあった

帝国ホテルの犬丸徹三支配人にホテル計画について相談をしている（肩書はいずれも当時）。

　正式決定までは，その資金計画，立地決定にいたるまで紆余曲折があったが，結果としては，大阪市長からの相談を受けた帝国ホテルならびにそのオーナーである大倉組が協力をする形となり，大阪財界を代表する住友合資ともども計画をリードし，1935（昭和10）年1月に「新大阪ホテル」が開業を迎えた。そのため初代取締役として，住友合資の小倉正恒が代表取締役に，大倉組の大倉喜七郎が取締役にその名を連ねている。株主構成をみても，筆頭株主は住友合資と大倉組で，ともに15％ずつを出資している。

　さらに，大倉組と帝国ホテルは出資および大倉喜七郎の取締役就任だけでなく，ホテル開業を実質的に取り仕切っている。それは，初代支配人である郡司茂，常原久弥料理長はじめ82人のスタッフを送り込んでいることからもわかる。この82名は，開業時の全従業員453名の約20％にあたる。

　以上から住友が経営面を，ホテルの開業指導と人材を派遣した帝国ホテルが運営面を支えたといえる。新大阪ホテル開業後は，帝国ホテルによる直接のサポートはなされていなかったと考えられ，あくまで人的派遣を含めた開業支援であった。

　自由亭もそうであったように，新大阪ホテルも大阪市などが，大大阪に迎賓館ホテルを作るという旗を振ることにより完成している。また東京の帝国ホテルも開業にとって重要な役割を果たしたのが外務大臣・井上馨，渋沢栄一らで

**［ 図表8-5 ] ㈱新大阪ホテル設立時の初代取締役一覧と株主構成**

| 小倉正恒（代表取締役） | 住友合資 | 住友合資 | 9,260株 | 15％ |
|---|---|---|---|---|
| 阿部房次郎 | 大阪商工会議所・東洋紡 | 大倉組 | 9,000株 | 15％ |
| 稲畑勝太郎 | 大阪商工会議所・稲畑産業 | 三井合名 | 5,000株 | 8％ |
| 大倉喜七郎 | 大倉組・帝国ホテル | 三菱合資 | 5,000株 | 8％ |
| 野村徳七 | 野村財閥・大阪瓦斯 | 大阪商船 | 2,000株 | 3％ |
| 堀啓次郎 | 大阪商船・阪神電鉄 | ※全株式 | 60,000株 | |

出典：木村（2006）より著者抜粋。

あり，このことからも迎賓館ホテルの開業には政財界の強い要望が前提となったことが理解できよう。すなわち，近代都市としては，迎賓館の役割を持つホテルの建設は不可避であったと考えられる。

その後の新大阪ホテルは，戦後 GHQ に接収された後に 1952（昭和 27）年に接収が解除され，営業を再開している。戦後の混乱期が収束に向かい，新大阪ホテルが営業を再開した時点で，大阪の主要なホテルは新大阪ホテルと新大阪ホテルが接収期間中の対策として造った「東邦ホテル」の 2 軒であった。海外からの訪日客も増える中，1958（昭和 28）年に新大阪ホテルは第 3 のホテルを同じ中之島に開業する。それが「大阪グランドホテル」である。このホテルは朝日新聞グループとの共同プロジェクトで，オフィスに加え，大阪フェスティバルホールやホテルが入る複合ビルとなった。1997（平成 9）年より「リーガグランドホテル」となり，2008（平成 20）年に閉館となった。

## (3) ロイヤルホテルからリーガロイヤルホテルへ

1961（昭和 36）年，新大阪ホテルによる新ホテル建築プロジェクトがスタートする。その背景として，新大阪ホテルと大阪グランドホテルの稼働率が 90% を超えているうえ，日本人の生活様式の西洋化，国内旅行や社用出張の増加，1960 年の大阪国際空港における国際線の開設，東京オリンピックを契機に外国人観光客の増加が見込まれたことなどが挙げられる。

以上により，1965（昭和 40）年に誕生したのが「大阪ロイヤルホテル」である。場所は新大阪ホテルと同じ中之島ではあるが，当時倉庫街でもあった北区玉江町である。設計に芸術院会員の吉田五十八を招き，デザイン意匠に日本風情を織り込んだホテルとなった。

倉庫街は本来，ホテル建設地としては疑問符のつく立地であったが，これは当時社長であった山本爲三郎の意見が反映されたものである。すなわち中之島が大阪駅や本町といった大阪のビジネス中心地に近かったこと，そして，中之島の倉庫街を再開発して，大阪発展の起爆剤としたかったことが挙げられる。なお，この山本は戦後，大日本麦酒の分割によって設立された朝日麦酒の初代社長であり，関西財界を代表する人物であった。

大阪ロイヤルホテルは順調に営業成績を伸ばし，隣地を買収することにより増築も実現させた。これが1973（昭和48）年に開業し，同時に大阪ロイヤルホテルから名称も変更した「ロイヤルホテル」である。これを機に，手狭で老朽化しつつあった新大阪ホテルは閉鎖，売却され，会社名も㈱新大阪ホテルから㈱ロイヤルホテルへと変更された。

　ロイヤルホテル増築は，大阪ロイヤルホテル建設と同様に，設計に吉田五十八を起用し，「自然との融合と伝統美」をテーマにさまざまな意匠を展開している。開業時点での客室数は 1,565室，料飲施設20店，宴会場 50か所という，東洋一を誇る規模であった。

　やがて，1980年代後半のバブル景気の中，ロイヤルホテルはチェーン拡大を計画する。その際に問題となったのが「ロイヤル」という名称である。この言葉は一般に幅広く用いられており，㈱ロイヤルホテルが独占的に使うことはできなかった。そのため，㈱ロイヤルホテルと関係のないホテル，ホテルチェーンが全国で「●●ロイヤルホテル」の名称を使っていた。そこで，チェーン展開に際して新たなブランド名を付けることとなった。それが，1990年に発表した「リーガ（RIHGA）」である。このRIHGA は"Royal International Hotel Group & Associates"の頭文字からとった造語である。

　チェーン名称を「ロイヤルホテルグループ」から「リーガロイヤルホテルグループ」へ改称し，リーガロイヤルホテル広島（1994（平成6）年開業）など新たに開業したホテルに「リーガ」の名称をつけ，チェーン展開を進めた。

　そして1997（平成9）年，よりチェーンとしての「リーガ」ブランドの浸透を図るために，旗艦ホテルであるロイヤルホテルの名称も「リーガロイヤルホテル」と改めている。この年には「ザ・リッツカールトン大阪」が開業し，前年に「帝国ホテル大阪」の開業もあったことから，ロイヤルホテルとしても，よりブランドを高めるために名称変更に踏み切ったといえよう。

　改称後のリーガロイヤルホテルは，帝国ホテル，リッツカールトンなどが開業した後も，天皇，皇太子の来阪時の宿泊場所としての役割は変わらなかった。また，国際会議においても，いくつかのラグジュアリー・ホテルが大阪に進出済みであった2019（令和元）年に開催された「G20サミット」では，ロシア，イタリア，ベトナム，EU，OECD 首脳の宿泊と，大阪府・市，経済団体

などの地元主催による歓迎レセプションを担当している。このことから，現在に至るまで新大阪ホテル開業以来，迎賓館ホテル役割を担い続けているといえよう。

# *4* 営業方針・価値観の変化

## (1) 新大阪ホテルと大阪ロイヤルホテルにおける営業方針の違い

前節でまとめた歴史的経緯を踏まえて，この間における営業方針や価値観の変化について考察する。ただし，自由亭・自由亭ホテルと大阪ホテルは明確な営業方針の資料はないため，新大阪ホテルと大阪ロイヤルホテルの設立時における営業方針について記載する。

### ①新大阪ホテル

新大阪ホテル設立に向けて，大阪市が大阪市議会に提出した資料が大阪市公文書館に残されている。木村（2006）記載のものを引用する（p.279）。

> 「ホテル設立ノ件」（1930・昭和5年）大阪市「大阪公文書館所蔵資料」
> 「本市ニ於テハ此等外人ノ宿泊滞在設備ノ見ルヘキモノナク遺憾トスルトコロ少カラス殊ニ国際貸借改善ノ要愈切実ナルモノニ顧ニ茲ニ政府の低利資金ノ融通ヲ受ケテ適当ナルホテルヲ建設シテ以テ本市ノ進展ニ資セムトス」

ここでのホテル設立の趣旨の要点は，「外国人に対する宿泊施設提供」と「国際賃貸借改善」である。そして，外国人のための利便供与は自由亭と同じである。

また，初代総支配人でもあり後の新大阪ホテル社長も務めた郡司（1977）に下記の記載があり，そのことを裏付けている（pp.141-142）。

「第一流の設備で，しかも他の追随を許さぬサービス，すなわち旅情を満喫させ，しかも慰める心遣いと安価な室料」

「採算を第二次的として，大阪市の発展と国際貸借改善を目的として，外人誘致の国策に沿った社会奉仕の精神」

一方，事業者として，帝国ホテルの犬丸が開業指導時に重要視した経営方針は，外国人宿泊を主眼としながらも，経営採算を重視して宴会・食事部門に重点を置くとしたことである。これは1924（大正13）年～1928（昭和3）年における帝国ホテルの宿泊稼働率平均が65%，売上比率が宿泊収入20%，料飲・宴会70% であったことに起因する。

## ②大阪ロイヤルホテル

郡司（1977）には，大阪ロイヤルホテルの営業方針について以下の記載がある（p.191, p.209, p.257，（　）内著者注記）。

「将来のホテル経営は客室経営だけでは成り立たないという点で私鉄系，本業とも見方が一致した。宴会部門，食事部門の比重は相当高まり，重要な因子となりそう」

「この（大阪）ロイヤルホテルはビジネスホテルで，一流会社の係長が泊まれるということを標準としています」

「日本の場合，個人所得が増え，中間層が厚くなって来たという点が大切である。一六〇〇室（新大阪ホテル，大阪グランドホテル，大阪ロイヤルホテルの合計）もあったならば，当然中間層の人たちにも大いに利用してもらわねばならぬ」

このことから，大阪ロイヤルホテルが，外国人のための宿泊施設という新大阪ホテルの営業方針を受け継ぎつつも，新大阪ホテルが迎賓館の役割を持ったホテルであったのに対し，大阪ロイヤルホテルは，一流会社の係長が泊まれる部屋も多数用意するなど，幅広い層の利用を想定していたと考えられる。これは客室のカテゴリーからもうかがえる。大阪ロイヤルホテルでは全875室のう

ち，65％にあたる573室が20㎡前後のシングルルームであった。一方，料飲，宴会設備は充実したものとなっている。当時の大阪では最大規模となる500㎡超の宴会場をはじめ，西洋料理だけでなく，吉兆やつる家など日本を代表する最高級和食店を誘致している。このことから，大阪ロイヤルホテルの営業方針としては，経済発展ならびに，中間層の増大を背景とした，地元客を中心とした法人宴会・婚礼・料飲需要を取り込むこと，そして宿泊では最も母数が多いと想定される係長クラス前後のビジネスマン出張をメイン・ターゲットとすることで，売上・利益の拡大を図るというものであった。

　ここでみたように，経営上の主目的は係長クラスの宿泊，地元中間需要獲得であったが，新大阪ホテルの老朽化もあり，皇室・海外からの賓客の利用という迎賓館ホテルの役割を新大阪ホテルから引継いでいる。事実，「ロイヤルホテル70年史」のVIP宿泊記録によると，大阪ロイヤルホテルにスウェーデン女王（1967（昭和42）年），皇太子（1969（昭和44）年），さらには1970（昭和45）年大阪万博の際には，天皇はじめ多数のVIPの利用が記載されている。


## （2）ホテルの価値観・役割と標的市場セグメントの時代変化

　新大阪から大阪ロイヤルホテルの営業方針を眺めてきたが，この項では，今回取り上げたホテルだけでなく，一部大阪の他ホテルも入れながら，現在に至る時代ごとのホテルの役割，主たる標的市場セグメントの変遷を考察する。その時期の想定期間を記載しているが，明確に分けることはできないため，重要なホテルの開業年，重要な事項をもとにした（和暦は省略）。

　なお東京や他の都市も，おおよその流れはそう大きくは変わらない。


①外国人への迎賓館機能提供期：1868年頃～1960年代半ば
　　自由亭（1868年開業）から大阪ホテル，新大阪ホテル（1935年開業）
②国内中間層獲得期：1960年代半ば～1990年代半ば
　　大阪ロイヤルホテル（1965年開業），ホテルプラザ（1969年開業）
③二極化の時代：1990年代半ば～2010年代半ば
　　ザ・リッツカールトン大阪（1997年開業）

④多様化の時代　急増訪日客需要を背景に：2010年代半ば以降
　2013年に訪日客1,000万人突破以後，コロナ禍まで右肩上がり

以上の流れについて，個々に詳細を補記する。

## ①外国人への迎賓館機能提供期

　自由亭（梅本町）は，大阪市の開市・開港にあたり，外国人が泊まることができる西洋風宿泊施設が必要となり，大阪府知事の強い要請があって開業に至っている。また，新大阪ホテルは，大大阪として東京を超える人口を有し，一大工業・商業都市となった大阪に，国内外の賓客が利用できるホテルがなかったため，関西政財界を中心に日本を代表する財閥であった大倉組，その傘下にある帝国ホテルの全面協力のもと，迎賓館としてのホテルを造る必要があった。

　自由亭から大阪ホテルにかけての歴史においても，記録によると天皇をはじめとする皇族，海外賓客の来阪時での利用があった。ただし宿泊利用がメインではなく，会食など宴会的な利用が多かったと推察されることが重要である。

　開国時に外国人が泊まることができるホテルを作ることが当時の大日本帝国には求められており，居留地の開発を含め，明治前半までは国策的な理由が主であった。しかし，外国人利用そのものが少なく，商売を考えると自ずと対象は日本人となる。西洋化に邁進する政府の方針が後押しする形で，ホテル利用は進んでいったものと考えられる。

　そのため，売上の主要を占めたのが，宴会・料飲となった。もちろん，この時期は貧富の差も大きく，一部の富裕層の利用が大半であったのは間違いない。

　その傍証になると考えられる事実を，先に掲載した自由亭ホテルの絵図をもとに記載する。

　この絵には，それぞれの施設に「大広間」，「中広間」，「広間」，「寝間」が注記として書かれている（「広」は旧字体の「廣」である）。それを拡大したのが図表中の注記である。ここでは，広間は宴会場のことと思われ，客室に該当すると考えられる「寝間」の占める割合がきわめて低いことがわかる。つまり，

[図表8-6] 自由亭ホテルの絵図

出典：『大阪市中近傍案内』，1888年（拡大再掲・一部筆者付記）。

間接的ではあるが，その商売は宿泊ではなく，社交場としての宴会が中心であったことが推測される。

### ②国内中間層獲得期

経済成長とともに内需が拡大し，一億総中流といわれる中，ロイヤルホテルを含め多くのホテルが富裕層だけでなく，拡大する中間層の獲得に注力した時期である。

前述したように，日本においては外国人のためのホテルという側面に加え，周辺地域に居住あるいは周辺地域で仕事をしている富裕層の会食や宴会が中心となった時期が長く続く。それは戦後のGHQによる接収と，営業再開を経た1960年代前半まで変わらなかったと考えられる。そこにターゲットとして加わったのが，人口増にともなう経済成長により増大した中間層である。

実質経済成長率が10％を越えた1955（昭和30）年にはじまる高度成長期以降，景気循環はあるものの，「総中流社会」といわれるように日本人の中間層が大幅に増え，ホテルを憧れの場所，非日常の場所として利用するようになっていった。

ホテル側としても，富裕層の利用を中心とした特別なものとしてだけではなく，そのイメージも残しながら，幅広い利用層の利用を促している。

以下は，著者がロイヤルホテル勤務時に営業企画・広告担当をしていた1980年代後半から1990年代の状況である。
　当時は，広告を『日経新聞』，『朝日新聞』，『文藝春秋』に加え，関西ローカルの若いOLを対象としていた雑誌『SAVVY』やフリーペーパー『シティリビング』などにも出稿していた。あわせて宿泊プラン，ホテル主催のパーティーや媒体とのタイアップイベントを開催するなど，20〜30代への知名度アップ，利用増進を図っていた時期でもあった。この動きは，バブル経済崩壊後の1990年代以降も続く。多くのホテルでタイアップイベント，デザートブュッフェなどが企画されていた。また，親子客もターゲットとした。その結果，リーガロイヤルホテルで夏のお盆時期に開催されていた「サマーフェスティバル」では1日4,000名のゲストが来館し，子供がロビーを走り回るということもあった。

③二極化の時代
　そのような中で，高価格帯のみにターゲットを絞り登場したのが，1997（平成9）年開業の「ザ・リッツカールトン大阪」である。
　高価格帯市場の多くを占める富裕層の価値観としては，ホテルの内装といったハードやサービス・クオリティなどのソフトに加えて，客層も重要なポイントとなる。すなわち，自分たちと同様の客層の中に，「異分子」として中間層などが多く混じることは，ホテルの格を左右すると考えていたのである。これま

[ 写真8-1 ] ザ・リッツカールトン大阪のエントランス

出典：著者撮影。

でみてきたように，国内の迎賓館ホテルといえども，中間層獲得を重要な経営
方針としており，その結果としてさまざまな客層が入り混じる状態であった。
これは，リーガロイヤルホテルだけでなく国内のフル・サービス型ホテルの多
くがそうなっていたと推察する。

　一方，東京ではザ・リッツカールトン大阪開業に先立ち，「新御三家」とも称
されるフォーシーズンズホテル椿山荘（1992（平成4）年開業…現在は「ホテ
ル椿山荘東京」となっている），ウェスティンホテル東京，パークハイアット東
京（ともに1994（平成6）年開業）といった施設が出現し，この頃からラグ
ジュアリー・ホテルという認識が定着していく。ここでのラグジュアリー・ホ
テルは，価格が高いというだけでなく，客層としてはそこに憧れる中間層も一
部いるが，富裕層を中心にしているということである。

　ラグジュアリー・ホテルという新しい市場セグメントが生まれる中，バブル
景気崩壊やリーマンショック，東日本大震災の余波もあり日本経済は停滞し，
多くのホテルは低単価競争へ突入していく時期でもあった。そのため，この時
期は，富裕層に注力するホテルとそれ以外とに二極化が進んだ時代といえる。

　ここで，リーガロイヤルホテルとザ・リッツカールトン大阪のイメージを確
認する。

■ザ・リッツカールトン大阪　HP
　「18世紀の優雅な英国貴族の邸宅の雰囲気を色濃く放つザ・リッツカール
　トン大阪。水の都大阪の梅田にある当ホテルへ一歩足を踏み入れると，<u>第
　二の我が家</u>のような落ち着いた雰囲気が広がります。」

■ロイヤルホテル開業時（1973年）の広告コピー
　（ロイヤルホテル（2005）p.72）
　「きょうロイヤルホテルは<u>新しいひとつの街</u>として誕生です」

注）下線はいずれも著者

　ザ・リッツカールトン大阪のいう「第二の我が家」は，対象が富裕層である
ことを表現している。「旅においても，富裕層の日常をそのまま過ごしていただ

けますよ」という意味である。一方の、多数のレストランやショッピングアーケードを備えたロイヤルホテルの開業広告にある「新しいひとつの街」という表現は、ターゲットを富裕層に限定するのではなく、いろいろな層のお客様に来て欲しいという理念が表現されているといえるだろう。

### ④多様化の時代

　二極化の時代から大きな変化が起こるきっかけが、訪日客の急増である。

　訪日外国人が1,000万人を超えたのが2013（平成25）年であり、3年後の2016（平成28）年には2,000万人を、さらにそこからわずか2年後の2018（平成30）年には3,000万人台に上っている。2002（平成14）年に500万人を越えてから、倍増となる1,000万人超えが2013（平成25）年で12年かかったことを考えれば、まさに急増といえるだろう。この訪日客急増に合わせ、多くの都市で訪日客を標的としたホテルが開業した。

　その多くは、宿泊施設＋料飲施設（1～2か所）といった、「リミテッド・サービス型」に近いものが多かった。ここで大切なことは、標的市場、宿泊料金の設定である。2012（平成24）年以前であれば、リミテッド・サービス型ホテルは日本ではビジネスホテルと分類され、その多くは出張ビジネスマンをターゲットとした、シングルルーム中心の室単価1万円前後のものであった。

　そして、この時期に開業したリミテッド・サービス型ホテルには、低単価訪

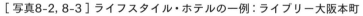

[写真8-2, 8-3] ライフスタイル・ホテルの一例：ライブリー大阪本町

出典：著者撮影。

日団体客をメインとした2〜3人用客室中心のホテルに加え，「高級客室特化型ホテル」とでも呼べそうなものが誕生している。機能はビジネスホテルと同様ではあるが，部屋も広く2人用中心のホテルであり，室単価も2万円を超えるものも多い（2023（令和5）年時点）。

　また，いわゆる「ライフスタイル・ホテル」というホテルが日本に誕生したのもこの時期である。それ以外にも「スーパー・ラグジュアリー」，「ウルトラ・ラグジュアリー」，「分散型ホテル」，「グランピング」など，さまざまな価値観を踏まえたサービスを提供するホテルが登場する。

　これは旅行者にとって，旅の目的が多様化してきたということであろう。ラグジュアリー・ホテルを例にとると，以前は海外旅行でも自分たちの特権的ともいえる生活レベルを求める伝統的富裕層をターゲットとしたホテルが多かったが，旅先での体験や地元との交流を優先する富裕層をターゲットとしたホテルも誕生してきている。後者の一部がライフスタイル・ホテルとして枝分かれしていったという側面もあるだろう。

　コロナ禍も経て，今後はまた違うコンセプトや価値観を提供するホテル群が登場する可能性もある。まさに多様化の時代といえるだろう。

# *5* ラグジュアリー・ホテルへの視座

　第1章でも述べたように，JNTOの2022（令和4）年度における重点分野の1つが「高付加価値観光」である。すなわち，いわゆる外国人富裕層の誘致強化のことである。そのためには，富裕層を受け入れ満足させることのできるラグジュアリー・ホテルが必須であり，2019年，菅官房長官（当時）が富裕層誘客のために，国内に世界のラグジュアリー・ホテルを50軒誘致するという考えを発表したのもそれが理由といえる。

　先にみたように，国内中間層獲得期までは，迎賓館機能を持った国内ホテルが，内外富裕層の需要も取り込んでいた。しかし，富裕層に特化したラグジュアリー・ホテルが日本に誕生して以降，リニューアル後のパレスホテルなど一部を除いては，国内資本ホテルのプレゼンスは低いままである。

ホテルの歴史を振り返ってみると，迎賓館ホテルのモデルといえる「グランドホテル」は，欧州においては身分制度のもと，特権階級向けの宿泊施設として発展してきた歴史がある。一方，日本では売上を支えるためには地元客や中間層も必要であり，また厳格な身分制度がなく，富裕層そのものへの理解も少なかったといえる。

　訪日客が拡大する状況において，ようやく国内資本でも富裕層を対象としたホテルが誕生してきつつある。とはいえ，個々のホテル単位ではさまざまな取組がなされているが，業界全体では，富裕層マーケットはメガ・ホテル・チェーンが中心となっているのが現状である。実際，今後も大阪においては，2025年大阪・関西万博や統合型リゾート（IR）推進を見越し，訪日客，中でも富裕層の宿泊需要が増えるとの見込から，フォーシーズンズやウォルドルフ＝アストリアなど，ラグジュアリー・ホテルを中心にホテル開業が予定されている。

　本章において検討した内容を踏まえると，大阪という市場において，国内資本のホテルは，まずは自分たちのホテルの標的となる市場セグメントを明確にし，今後の戦略を構築することが必要となろう。これまでの国内資本ホテルの強みであった，地元を中心とした料飲・宴会中心の営業方針とするのか，海外ブランドのラグジュアリー・ホテルのように，標的市場を絞るのかが第一歩となろう。50㎡以上の客室やスパを作るだけでなく，もし伝統的な富裕層をターゲットとするのであれば，独特のマナーや富裕層が何を求めているのか，どうすればストレスなく滞在していただけるのかなどの理解を深めることが大切である。一方で，新興の超富裕層が求めているものも探らなければならない。

　2023（令和5）年，リーガロイヤルホテルの不動産は外資系ファンドへ売却され，ソフトブランドではあるものの，インターコンチネンタル・ホテルズ・グループ（IHG）に加盟した。1935（昭和10）年の新大阪ホテル開業以来，迎賓館機能を担い，かつ中間層獲得を経営方針としてきたリーガロイヤルホテルに，今後，当該ファンドがどのような運営方針で臨むか注視していきたい[1]。


▶注

1)　本章のもとになったのは，髙田・德江（2023）であるが，当該論文では，日本のホテル史につい

てさまざまな先行研究を参考とした。一覧は下記の「参考文献」に記すが，中でも自由亭から大阪ホテルについての研究・考察，ならびに自由亭の浮世絵への記載の発見は，堀田暁生氏（元大阪市史編纂所長）によるものであり，直接お会いしお話しをうかがえたうえ，数々の貴重な資料をお貸しいただいた。ここに深く感謝の意を表し本章の結びとしたい。

## ➤ 参考文献

朝井まかて（2023），『朝星夜星』PHP研究所．

犬丸徹三（1969），『ホテルと共に七十年』展望社．

運輸省鉄道総局業務局観光課（1946），『日本ホテル略史』運輸省．

オータパブリケイションズ企画・編纂（2009），『日本ホテル協会百年の歩み』日本ホテル協会．

木村吾郎（1996），「大阪のホテル今昔」『大阪春秋』No.83，大阪春秋社．

木村吾郎（2006），『日本のホテル産業100年史』明石書店．

郡司茂（1977），『運鈍根―ホテルマン50年』毎日新聞社．

下郷市造（2017），『ホテルの想ひ出（大阪ホテル/名古屋ホテル）』ゆまに書房．

髙田宏・徳江順一郎（2023），「大阪のホテル史―歴史的な迎賓館ホテルを中心として」『日本国際観光学会論文集』No.30, pp.75-82．

鐵道省（1934），『観光地と洋式ホテル』鐵道省．

永松実（2016），『本邦初の洋食屋―自由亭と草野丈吉』えぬ編集室．

廣間準一（2015），「大阪初の洋式ホテルの起源とその推移―自由亭ホテルの供給目的と存在意義の研究」『観光研究論集』No.14, pp.23-27, 大阪観光大学観光学研究所．

堀田暁生（1988），「自由亭ホテル」『川口居留地』No.1, 川口留地研究所．

堀田暁生（2008），「中之島の自由亭ホテルと草野丈吉について」『大阪の歴史』No.71, pp.23-28, 大阪市史編纂所．

堀田暁生（2014），『大阪のホテル事始め』大阪市史編纂室主宰講演資料．

星岡重一（1940），『暁霞生彩』私家版（国立国会図書館デジタルコレクション）．

ロイヤルホテル編（1990），『ロイヤルホテル創業55周年記念誌』ロイヤルホテル．

ロイヤルホテル編（2005），『リーガロイヤルホテル70年の歩み―1935-2005』ロイヤルホテル．

『大阪市中近傍案内』（1888）鴻英舎．

国立公文書館アジア歴史資料センターHP，アジ歴グロッサリー「どのくらいの多くの外国人が日本を訪れていたのか」https://www.jacar.go.jp/glossary/tochikiko-henten/qa/qa06.html（2022年8月3日閲覧）．

一休.com HP，「大阪特集」https://www.ikyu.com/osaka/310000/t911/（2022年10月25日閲覧）．

国立国会図書館HP，「写真の中の明治・大正」https://www.ndl.go.jp/scenery/kansai/data/30/（2022年9月15日閲覧）．

ザ・リッツカールトン大阪HP，「ザ・リッツ・カールトン大阪へようこそ」https://www.ritzcarlton.com/jp/hotels/japan/osaka（2022年10月18日閲覧）．

トラベルWatch（2022），「日本政府観光局，2022年の方針発表。キーワードはラグジュアリー，サステナブル，アドベンチャー」（2022年1月28日）https://travel.watch.impress.co.jp/docs/news/1384031.html．

（髙田 宏・徳江 順一郎）

# 第9章
# 日本各地における
# ラグジュアリー・ホテルの事例

鹿児島・天空の森

　第7章と第8章では，東京と大阪を代表するホテルを中心に取り上げたが，他都市にも，それぞれの都市を代表するホテルが存在するケースがある。また，東京や大阪でも，ラグジュアリー対応のために興味深い試みを展開しているホテルもある。そして，ホテルの傾向と同様，最近の旅館やリゾートには，ラグジュアリーにフォーカスした施設も誕生してきている。
　そこで，本章では，ここまで取り上げてこなかった地方都市のホテルと，その他の興味深い対応をしたホテル，そして高価格帯にフォーカスした旅館やリゾートの事例も紹介する。

# *1* はじめに

わが国にホテルが誕生したのは明治時代であるが，昭和初期になると，日本各地に政府の後押しでホテルが開業した。これは，外貨獲得が国際収支の改善に寄与するとされたため，インバウンドの誘致を目指したことによる。この施策により，1933（昭和8）年から1940（昭和15）年までの間に，15のホテルが開業するに至っている。

リゾート地に開業した施設も多く，やがて高級リゾートのはしりとなっていくが，都市部の施設は，各地を代表するホテルの役割を果たした施設もある。開業年の順でいうと，1933（昭和8）年に「上高地ホテル」（現：上高地帝国ホテル），1934（昭和9）年に「蒲郡ホテル」（現：蒲郡クラシックホテル），「<u>ホテルニューグランド</u>」（この年に改装資金の拠出），「琵琶湖ホテル」（現：びわ湖大津館），1935（昭和10）年に「<u>新大阪ホテル</u>」（現在のリーガロイヤルホテルのルーツ），「雲仙観光ホテル」，1936（昭和11）年に「唐津シーサイドホテル」，「富士ビューホテル」，「川奈ホテル」，「<u>名古屋観光ホテル</u>」，1937（昭和12）年に「志賀高原温泉ホテル」（現：志賀高原歴史博物館），「松島ニューパークホテル」（廃業），「赤倉観光ホテル」，1939（昭和14）年に「阿蘇観光ホテル」（廃業），1940（昭和15）年に「日光観光ホテル」（現：中禅寺金谷ホテル）がそれぞれ開業している。このうち，下線部のホテルが，その後に迎賓館の役割を担うホテルになっていく。

その地域を代表する高価格帯の客室を持つ施設の多くは，その後に誕生した相対的に小規模で，標的市場を絞った競合施設に顧客を奪われてしまった。ただし，そういった状況をただ眺めているだけではなく，建て替えや改装を中心とした対応により，生き残っている施設も存在する。

実際，大規模な施設で多くの客室を抱えるホテルが，一部のフロアを特別フロアとして対応することは，比較的早くから取り入れられてきた。例えば，エグゼクティブ・フロアやタワーズ・フロアと称して対応しているシェラトンのケースが該当する。開業時は「シェラトン・グランデ・トーキョーベイ・ホテル＆タワーズ」となっていたが，現在は「シェラトン・グランデ・トーキョー

ベイ・ホテル」となっている。改修によって同様の方向性を志向する施設も増えており，迎賓館ホテルあるいはグランドホテル・タイプの施設も，市場の細分化に対応していることがみてとれる。

そして，旅館やリゾートでも，高価格帯のみにフォーカスした施設や，逆に大規模な建物はそのままに内部を改装して，部分的にラグジュアリーを実現した施設も存在する。

こうした興味深い施設の一端を本章では紹介していきたい。

なお，東京と同様に大阪でも，かつては（リーガ）ロイヤルホテルとともに「御三家」のように扱われたホテルが存在した。「ホテルプラザ」と「東洋ホテル」がそうである。ただし，残念ながらいずれも既に閉館となっている。

# *2* 各都市を代表する歴史あるホテルの状況

## (1) 札幌

北海道の中心都市である札幌には，「札幌グランドホテル」，「札幌パークホテル」という2つの迎賓館ホテルが存在する。

札幌グランドホテルは，1934（昭和9）年に開業した。秩父宮雍仁親王が1928（昭和3）年に札幌を訪問した際，ホテルの必要性に言及したことがきっかけとなったという。戦後は，特に料飲サービスやイベントを通じて一般へも門戸を開いたが，一方で昭和天皇・皇后両陛下，ウィーン少年合唱団，ニューヨーク・ヤンキース一行，ヘレン・ケラー，エディンバラ公フィリップ殿下などが宿泊している。

1950年代後半以降の新規事業開拓に向けた積極投資により，札幌グランドホテルは経営危機に陥った。ちょうどその頃，「北海道炭鉱汽船」（北炭）が「ポスト石炭産業」への期待をかけて，北炭が所有する不動産の管理や観光事業推進のために1958（昭和33）年に「北海道不動産」を設立した。同社は1962（昭和37）年に札幌グランドホテルを合併し，翌1963（昭和38）年には「北炭観光開発」に商号が変更された。さらに1971（昭和46）年に「三井観光

155

開発」に社名が変更され，2007（平成18）年に「グランビスタ ホテル＆リゾート」に再度変更された。2018（平成29）年からは「サンケイビル」の100％子会社となっている。

　1966（昭和41）年に本館，1976（昭和51）年に東館，1985（昭和60）年に別館が開業し，現状となっている。2024年現在は162㎡の「スーパースイートルーム」を含む494室の客室，8店舗の料飲サービス施設・ショップ，760㎡の

［写真9-1］札幌グランドホテルのエントランス

出典：本章内の写真は，特記以外著者撮影。

［写真9-2］札幌パークホテル

「グランドホール」など24室の宴会場がある。

札幌パークホテルは，1968年に開催予定の冬季オリンピック招致に向けたホテル不足を解消することを視野に，1964（昭和39）年に「ホテル三愛」として開業した。1966（昭和41）年から三井観光開発の系列となると同時に現在のホテル名となり，1978（昭和53）年に三井観光開発と合併した。

2024年現在は，123㎡の「インペリアルスイート」を含む216の客室，一部テナントも含むが和洋中のレストランなどの料飲サービス施設，1968（昭和43）年にオープンした札幌最大級1,165㎡の「パークホール」などの宴会場を持つ。ここ数年は，建替計画が浮上しては延期を繰り返している状態である。

[ 写真9-3 ] 京王プラザホテル札幌

なお，札幌は鉄道会社の系列ホテルも多く進出している。「札幌プリンスホテル」，「札幌エクセルホテル東急」，「札幌東急REIホテル」，「ホテルメッツ札幌」，「京王プレリアホテル札幌」，「京王プラザホテル札幌」などが該当する。

興味深いのは東急も京王も2軒ずつ展開している点であろう。特に，1982（昭和57）年に開業した京王プラザホテル札幌は，130㎡以上の広さがある「インペリアルスイート」を含む486室の客室や，複数の料飲サービス施設，そして1,000㎡の「エミネンスホール」を持ち，札幌グランドホテルや札幌パークホテルと並び称される。

## (2) 名古屋

1934（昭和9）年に会社設立，1936（昭和11）年に開業したのが，長きにわたって名古屋の迎賓館を務めてきた「名古屋観光ホテル」である。開業時に

は、「帝国ホテル」から30名の派遣があったとも伝えられている。1972（昭和47）年に80室でソフトオープンし、1973（昭和48）年に全505室が稼働した新館が開業したが、1980年代以降、「名古屋東急ホテル」（1987（昭和55）年開業）や「ヒルトン名古屋」（1989（平成元）年開業）といった全国チェーン、海外チェーンのホテルが開業すると低迷が続くようになった。1999（平成11）年に興和が筆頭株主となり、2012（平成24）年には興和の完全子会社となり、2021（令和3）年に名古屋観光ホテルと同ホテルが運営する料飲サービス事業は、興和の完全子会社である「エスパシオエンタープライズ」に移管された。同社は、2019（令和元）年に設立され、ハワイに「エスパシオ・ザ・ジュエル・オブ・ワイキキ」を開業しており、高価格帯のホテル運営に強みがある。2024年現在は、176㎡の「ロイヤルスイート」、85㎡の「プレジデンシャルスイート」など257室、和洋中のレストランやバーなど料飲施設7か所、1,200㎡近い広さの「那古の間」など16の宴会場を擁している。

　一方、名古屋城西側に位置し、名古屋を象徴する景観で親しまれたのが「ナゴヤキャッスル」である。毎日新聞社が名古屋駅前に建設した「毎日名古屋会館」（現在は「ミッドランドスクエア」が聳えている）の第2期工事において、テナントとしてホテルを入れる計画が進行し、1956（昭和31）年に同ビルの6階から8階に開業した「ホテルニューナゴヤ」を母体とし、1969（昭和44）年に「ホテルナゴヤキャッスル」が開業した。スターウッド・ホテルズ＆リゾーツ（当時）との提携により、2000（平成12）年から2018（平成30）年まで「ウェスティンナゴヤキャッスル」であった。30万円前後の「インペリアルスイート」など7室のスイートルームを含む195室の客室、和洋中を含む各料飲

[写真9-4] 名古屋観光ホテル

[写真9-5] 名古屋観光ホテルの客室

サービス施設，2,000㎡の広さを誇る「天守の間」などの宴会場を擁していた。

2013（平成25）年に筆頭株主だった毎日新聞社が持株37.5%のうち35%を興和に売却し（2024年現在，興和は過半数を保持），フランチャイズ契約終了後，「ホテルナゴヤキャッスル」に再改称されたのち，建て替えのため2020（令和2）年に閉館した。名古屋観光ホテル同様，興和子会社のエスパシオエンタープライズに運営が移管されており，「エスパシオ・ナゴヤキャッスル」として2025年に再開業の予定である。スイートルーム30室（中には300万円の部屋もあるという）を含む108室が予定されているが，平均で65㎡以上，大宴会場も1,780㎡の部屋があるなど，従前のスタイルをさらにアップグレードしたような施設となっている。

## （3）福岡

福岡を中心に鉄道路線とバス路線を展開する西日本鉄道は，傘下に「西鉄グランドホテル」と「ソラリア西鉄ホテル」などのホテルを擁する西鉄ホテルズを抱えている。このうち，西鉄グランドホテルは，1969（昭和44）年に開業した。それ以前の福岡には，50室規模の「日活ホテル」と40室規模の「帝国ホテル」しかなかったため，初の本格的なホテルとなった。開業時，12階の「クラウンスイート」と「ロイヤルスイート」，13階の「エンパイヤスイート」などのスイートも用意し，シングルルームが2,200円だった当時，こうした客室は15,000円から35,000円だったという。

開業時から，内部の装飾と70mにおよぶ人工滝へのこだわりが強く，これは現在にも受け継がれている。

2024年現在は，73㎡の「ロイヤルスイート」，116㎡の「エンパイアスイート」（表記が変更された）をはじめとした279室を擁し，和洋中のレストランやバー，563㎡の「鳳凰の間」などの宴会場がある。

1989（平成元）年に開業したのが「ソラリア西鉄ホテル」（現：ソラリア西鉄ホテル福岡）で，こちらは料飲サービス施設こそ西鉄グランドホテルほどのバラエティはないが，56㎡のセミスイートなど161室がある。こちらのブランドはチェーン展開もなされており，2024年現在，札幌，銀座，京都，鹿児島に

同ブランドのホテルが存在する。

　なお，福岡では2023（令和5）年に開業した「ザ・リッツカールトン福岡」や「グランドハイアット福岡」といった海外ブランドのホテル，「ホテルオークラ福岡」，「ホテル日航福岡」，「ホテルニューオータニ博多」，「ANAクラウンプラザホテル福岡」といった全国チェーンによる比較的高価格帯のホテルが多い。

[写真9-6] 西鉄グランドホテル

[写真9-7] グランドハイアット福岡

## （4）鹿児島

　鹿児島でさまざまな事業を展開していた保直次が，1960（昭和35）年に鹿児島中心部に位置する城山の土地を入手した。ここに1961（昭和36）年，遊園地「城山遊楽園」を開園し，次いで1963（昭和38）年に63室で「城山観光ホテル」を開業した。鹿児島中心部に隣接する城山という山の上にあることから，都市型ホテルとリゾートホテルの両面を兼ねている。1966（昭和41）年には増築も実現し，121室の規模となった。1974（昭和49）年には現在も使われている新館が完成し，1984（昭和59）年に創業時の建物（別館）は解体されている。

　2024年現在は，31タイプ355室の客室数を誇り，その中には200㎡で1泊100万円の「SHIROYAMAインペリアルスイート」も含まれている。料飲サービス施設としては，フランス料理の「ルシエル」，広東料理「翡翠廳」，和食全般を提供する「城山ガーデンズ水簾」（ここには通常の和食の他に，鉄板焼の「楠」，「寿司亭 桜」，「天麩羅 敬天」も含まれる），イタリアンの「イタリアンホルト」と「リストランテホルト」，「割烹 思水」と「割烹 楽水」という2軒の料亭，「ザ・ラウンジ・カサブランカ」，ワインバーの「ザ・セラーNバロン・ナガサワ」と，フルラインで揃っている。宴会場も，1,700㎡近い広さの「エメラルド」，専用ガーデンが付帯する「クリスタルガーデン」（836㎡）など，大

[写真9-8] 城山ホテル鹿児島の全景

中小さまざまに用意されている。

鹿児島には他に，2023（令和5）年に開業した「シェラトン鹿児島」や「鹿児島サンロイヤルホテル」などがある。シェラトン鹿児島は建設やエネルギー関連を中心とした事業を展開する南国殖産が2023（令和5）年に開業した，鹿児島初の海外ブランドのホテルである。地域性が強いのは鹿児島サンロイヤルホテルであり，そもそもが第3セクターとして設立され，1972（昭和47）に部分オープン，翌年にグランドオープンを果たした。125㎡のロイヤルスイートから15㎡のシングルまで12タイプ265室，料飲サービス施設は限定的であるが，1,160㎡の大宴会場など複数の宴会場を持つ。


## （5）他都市における高価格帯ホテル

その他の都市は，概ね全国的なチェーンを形成する御三家の一部をはじめとしたホテル専業系のほか，鉄道会社や航空会社系列のホテルが，中心的な存在として君臨してきた。ただし，全日本空輸（以下，「全日空」という）は，世界的なホテルチェーンの「インターコンチネンタル・ホテルズ＆リゾーツ」と提携したため，いずれもインターコンチネンタルのブランド，具体的には「インターコンチネンタル」や「クラウンプラザ」などにリブランドされている。

東北の中心都市である仙台には，かつて「仙台ホテル」というホテルがあった。ここは，1850（嘉永3）年に国分町で創業した旅館「大泉屋」が，仙台駅前に1887（明治20）年に進出した支店がもとになり，1896（明治29）年に「仙臺ホテル」となったものである。スイートを含む115室，フランス料理をはじめとした料飲サービス施設，大中小の宴会場を擁していたが，2009（平成21）年に閉館した。

現在の仙台では，「ウェスティンホテル仙台」や「仙台国際ホテル」が迎賓館的な役割を担っている。

横浜には今でこそ「ウェスティン」や「シェラトン」，「ヒルトン」といった国際的なメガ・ホテル・チェーンや，「東急」，「ニューオータニ」，「カハラホテル」などの全国チェーンのホテルが立地しているが，かつては，横浜駅前の「横浜東急ホテル」（その後に横浜エクセルホテル東急）と山下公園前の「ザ・

ホテル・ヨコハマ」(その後ヨコハマ・ノボテルやホテル・モントレ横浜となったのちに閉館),そして老舗の「ホテルニューグランド」くらいしか目立ったホテルは存在しなかった。このうちニューグランドは,1927(昭和2)年に開業し,著名な料理人が数多く輩出したことでも名高い。

[写真9-9] ホテルニューグランド

　金沢,富山といった北陸の拠点都市には,日本航空,全日空の両有力航空会社がそれぞれの系列ホテルを展開している。

　京都では,1890(明治23)年に前身となる「吉水園」が創業し,1900年に開業した「都ホテル」(現:ウェスティン都ホテル京都)と,1888(明治21)年で創業した旅館「京都常盤」が1890(明治23)年に開業した「常盤ホテル」が1895(明治28)年に名称変更した「京都ホテル」(現:ホテルオークラ京都)が代表的なホテルであった。近年は海外ブランドのラグジュアリーが激増しているのは周知のとおりである。

　中国地方はリーガロイヤルホテルの系列による展開が目立つ。広島や新居浜,小倉にあり,ややスタイルが異なるため別ブランドではあるが高松にも存在する。

　そのような中で,神戸には1870(明治3)年に開業した「オリエンタル・ホテル」の存在感が際立つ。東海汽船,関西汽船,来島どっくといった海運系の子会社を経たのち,1987(昭和62)年にダイエーの傘下となった。1995(平成7)年の阪神大震災で被災したのち,ダイエーの経営危機もあり再建の見込みはないままであったが,2010(平成22)年にPlan・Do・Seeによる「ORIENTAL HOTEL KOBE」として再スタートを切った。ただし,従前とはターゲットが異なっている。

　九州は地元資本のホテルが比較的強い。前述した西日本鉄道の系列である西

[写真9-10]
現在のORIENTAL HOTEL KOBE

鉄グランドホテルやソラリア西鉄ホテル、城山ホテル鹿児島以外にも、熊本には「熊本ホテルキャッスル」、長崎には「ホテルニュー長崎」、宮崎には「宮崎観光ホテル」が存在する。ただし、このうち熊本ホテルキャッスルは、1960（昭和35）年、国体開催に向けて開業したが、2024（令和6）年に、Plan・Do・Seeの支援が決定した。

　余談ながら、全国的に百貨店は減少傾向にあるが、九州では博多の「岩田屋」、小倉の「井筒屋」、長崎の「玉屋」、大分の「トキハ」、熊本の「鶴屋」、鹿児島の「山形屋」と、各地に地元資本の百貨店が存在している点も興味深い（いずれもあくまで拠点都市のみ示したが、もちろん一部は他の都市に支店もある）。

## *3* 特別フロアの設定によるラグジュアリー・ホスピタリティの事例

　ある程度の規模があるホテルの場合、上層階を特別フロアとして、付加的なサービスの提供がなされることがある。ここでは3軒の事例を紹介するが、このうち、特に差別化の度合いが高い場合を中心に、「ホテル・イン／オン・ホテル」といった呼び方で特別な扱いとすることがある。まさに、ホテルの中にある、別格の施設という位置づけである。

### (1) パレスホテル東京

　1947（昭和22）年の貿易再開までに、バイヤー専用のホテルを開設するよう

GHQが日本政府に通達を出した。これによって同年開業したホテルの1つに「ホテルテート」がある。旧帝室林野局庁舎を急遽改造して83室の規模であった。この翌々年には同様の理由で「芝パークホテル」も開業している。1959（昭和34）年にこのホテルテートの土地建物の払い下げを受けたのが「東京會館」であった。同社は1960（昭和35）年に別会社を設立し、1961（昭和36）年に「パレスホテル」が開業する。開業時は407室の規模であった。

なお、その前年の1960（昭和35）年に開業した「箱根観光ホテル」（その後に「パレスホテル箱根」となるが2018（平成30）年に営業終了）で、建物の構造を試行してもいる。

パレスホテルは施設の老朽化にともない、2009（平成21）年に閉館し、2012（平成24）年に建て替えを経て再開業した。閉館時に389室だった客室数は290室（2024年時点では284室）となり、最低でも45㎡の広さを確保してお

[ 写真9-11, 9-12 ] パレスホテル東京の「エグゼクティブ・スイート」

[ 写真9-13 ] パレスホテル東京のクラブラウンジ

り，一気に最高価格帯の一角を占めるまでになった。それを証明するかのように，『フォーブストラベルガイド』（2015年）において，国内資本のホテルで初の5つ星を獲得している。

再開業時には伝統の「クラウン」をはじめ，和洋中の各レストラン（一部はテナント）とバー，ラウンジを備えた形態を継承した。このうち「クラウン」は2019（令和元）年にいったんクローズし，アラン・デュカスとの提携により「エステール」として再出発している（第6章参照）。他にも1,160㎡の大宴会場（ホワイエも入れると1,600㎡近い）をはじめとした大小12の宴会場，ミーティングルームもある。

客室は大きく分けると，以下のとおりである。

- デラックス（45㎡）
- グランドデラックス（55㎡）
- スイート（75㎡〜210㎡）

デラックスとグランドデラックスには，「クラブ」が冠されている部屋もあり，スイートとともに19階のクラブラウンジが利用できる。

## （2）東京ドームホテル

[写真9-14] 東京ドームホテル外観

旧後楽園球場の跡地を再開発するにあたり，1997（平成9）年に着工し，2000（平成12）年に開業した。後楽園が従前から運営してきた，札幌や大阪，熱海などの宿泊施設のフラッグシップとしての位置づけとなる（現在は他に熱海のみ）。43階建てで155mあり，「ドーム」の語呂合わせで1,006室もの客室数を誇っている。大きくは皇居側のパレスサイドと東京ドーム側のパークサイドとに分かれ

166

るが，フロアによってもグレードを変えているのが特徴である。

　かつては，39階から41階の3フロアを「エクセレンシィ」の名称で特別フロアにしていたが，現在は，同じ3フロアを「エグゼクティブ・フロア」(50室)，35階から38階の4フロアを「プレミアム・フロア」(124室)と称し，「ホテル・オン・ホテル」として差別化を図っている。また，一般フロアに該当する9階から22階と，23階から34階も，グレードとしては分けているのも特徴である。

　他にも場所柄，「爆上戦隊ブンブンジャールーム」や「【読売ジャイアンツ×

[写真9-15] プレミアムルーム・キング

[写真9-16] エグゼクティブ・スイート

東京ドームホテル】コラボレーションルーム」といったコンセプトルームも用意されている（2024年時点）。最上級の客室としては、133㎡の「パレススイート」と「パークスイート」、廊下からダイレクトに入れる簡易厨房も備えた、216㎡の「ロイヤルドームスイート」など、賓客向けの客室もある。

　同社は2021（令和3）年に三井不動産の子会社となってから矢継ぎ早に改善策に手を打ち、それにともなってエグゼクティブ・フロアとプレミアム・フロアも誕生している。エグゼクティブ・フロアは上層階に、プレミアム・フロアは2階に、それぞれ特別なチェックイン・デスクを用意しており、ラウンジ機

[ 写真9-17 ] ロイヤルドームスイートのリビング・ダイニングルーム

[ 写真9-18 ] 東京ドームホテルのエグゼクティブ・ラウンジ

能も提供されている。

スカイラウンジ＆ダイニングやフランス料理など10軒のレストランとバーがあり（テナント含む），1,000㎡を超える広さの大宴会場を含む18の宴会場があるフル・サービス型の施設である。こうした客室構成をみると，宿泊においては差別化を図ることに意識が向けられているのがうかがえる。

## (3) ホテルニューオータニ（東京）

第7章でも触れたが，1964（昭和39）年の東京オリンピック開催にあたり，大谷重工業の創業者である大谷米太郎が1964（昭和39）年のオリンピック開幕直前，開業させたのがホテルニューオータニである。ここは，伏見宮邸の跡地であった。この時オープンしたのは現在も使用されている「ザ・メイン」の建物で，開業時は日本で最高層の建物でもあった（17階建て）。最上階の回転ラウンジは，開業当時，大いに話題となった。

1974（昭和49）年には隣接地に，40階建ての新館タワー（現：ガーデンタワー）も開業，さらに1991（平成3）年にはオフィスとの複合施設である「ガーデンコート」もオープンした。2007（平成19）年にはザ・メインをフル・リノベーションしている。

最盛期は2,000室を超える客室を擁していたが，リニューアルやリノベーションを経て，2024年現在は1,474室となっている。特徴的なのは，「ザ・メイン」の11階と12階を「ホテル・イン・ホテル」として「エグゼクティブハウス・禅」と命名し，「ザ・メイン」，「ガーデンコート」と合わせて3つのホテルとして扱っていることである。

ザ・メインのフル・リノベーションとともに開業した「エグゼクティブハウス・禅」は，2024年現在で2フロアに84室ある。専用の「ZEN LOUNGE」が付帯し，このカテゴリーの宿泊客はいつでもここを利用できるうえ，1日6回ものフード・プレゼンテーションが実施されており，そちらを愉しむことも可能である。

このカテゴリーでもっとも高価格なのは，115㎡の「エグゼクティブ・ガーデンスイート夢窓庵」であるが，実はホテル内でもっとも広いというわけでは

[ 写真9-19, 9-20 ] エグゼクティブハウス・禅のZEN LOUNGE

[ 写真9-21 ]
エグゼクティブ・ガーデンスイート
夢窓庵のベッドルーム

[ 写真9-22 ]
エグゼクティブ・ガーデンスイート
夢窓庵のバスルーム

[ 写真9-23 ] エグゼクティブ・ガーデンスイート夢窓庵のリビングルーム

ない。最大の面積を誇るのは，150㎡の「プレジデンシャルスイート
（HIROSHIGE）」である。つまり，同ホテルでは，ホテル・イン・ホテルとし
て，いわゆるスモール・ラグジュアリーの施設をホテルに内包するというアイ
ディアを実現したといえるだろう。そして，従前のグランドホテル的な客室ラ
インナップは，ザ・メインとガーデンコートに担わせているということになる。
これにより，建て替えという大規模投資をすることなく，市場環境の変化に対
応したと考えられる。

# *4*　旅館の事例

## （1）大規模施設の事例──ほほえみの宿 滝の湯

　天童温泉が開湯した1911（明治44）年に創業した。将棋の駒の産地として
有名な天童に位置しているということもあり，これまでに多くの将棋タイトル
戦が開催されている。将棋対局用の客室として，TV中継の利便を図るなどさ
まざまな工夫が凝らされた「竜王の間」（100㎡）も設けられている。同室は対
局がない日には一般の宿泊も可能なため，将棋ファン垂涎の的の客室となって
いる。

　ここ数年は環境への意識が高く，生ごみなどを堆肥にして，自社農場で再利
用する循環型農法を実践している。

　本館には340㎡のインペリアルスイートや前出の竜王の間などと，上層階に
は「四季亭」という特別フロアが，別館の上層階には「季のはな」という展望
露天風呂付の客室などが用意され，これらは別館3階に用意されたラウンジの
利用が可能である。その他の一般客室も含め，全87室が用意される大型施設
である。

　また，近傍に位置していた旅館を買収し，現在は「ほほえみの空湯舟 つる
や」として営業している。こちらは買収後に徐々に改装を続け，全26室の客室
は，現在は露天風呂付が多くを占める形態となっている。ユニバーサル・デザ
インを強く意識しており，館内は，驚くことに，大浴場を含め全面的に畳が敷

[ 写真9-24, 9-25 ] ほほえみの宿 滝の湯のエントランスと中庭

[ 写真9-26, 9-27 ] 「季のはな」の露天風呂付客室とクラブラウンジ

[ 写真9-28, 9-29 ] ほほえみの空湯舟つるやの外観とロビー

[写真9-30, 9-31] ほほえみの空湯舟つるや・露天風呂付客室の一例

[写真9-32] ほほえみの空湯舟つるや・大浴場

き詰められている。

　滝の湯とつるや，それぞれの規模や特性に応じた施設構成とすることで，同社は天童温泉における随一の評価を得ている。最近ではDMC（Destination Management Company）を通じた新しい試みも進めており，目が離せない存在である。

## (2) 小規模施設の事例──金乃竹グループ

　1947（昭和22）年に前身となる「冨士荘」が創業した。現在の代表である窪澤圭氏は，バブル崩壊後の苦境にあえぐ同館で，自ら包丁も握るなど，さまざ

まな方策を講じて立て直し，従来の旅館の枠を超える次へのステップに歩を進めることになる。なお，冨士荘は現在は「箱根 金乃竹 茶寮」となり，「泊まれない旅館」というコンセプトで，11:00チェックイン，21:00チェックアウトという，通常の旅館とは正反対のコンセプトで運営されている。

　2005（平成17）年に「金乃竹 仙石原」が開業，2013（平成25）年に「金乃竹 塔ノ澤」が開業，そして2017（平成29）年には，1662（寛文2）年創業の「松坂屋本店」の経営を引き継ぐなど，順調に業績を拡大している。

[ 写真9-33 ] 金乃竹 仙石原のエントランス

[ 写真9-34 ] 金乃竹 仙石原の客室「姫」

174

金乃竹 仙石原は，全9室に露天風呂が付いており，95㎡から136㎡もの専有面積がある。
　金乃竹 塔ノ澤は，8タイプ23室すべてにテラスと露天風呂が付いている。こちらも57㎡から120㎡の広さがある。4階はクラブフロアとなっており，さまざまな特典も用意されている。
　松坂屋本店は，前述したように1662（寛文2）年創業であり，2024年現在は4,000坪もの敷地内に，大きく分けると「離れ」，「芦刈荘」，「芝蘭荘」，「春風荘」，「鶴鳴館」の5棟の客室棟が立ち並んでいる。温泉の泉質は箱根屈指のものであり，江戸時代から多くの人に愛されてきたが，2017（平成29）年より金乃竹グループが運営している。
　箱根はかつて，社員旅行などの団体旅行では定番ともいえる地域であり，行楽色も強かった。一方で，「奈良屋」（現：リゾートトラスト運営のエクシブ箱根離宮）や「桜庵」（現：星野リゾート界　箱根）に代表される高級施設も点在していたが，バブル崩壊後は「強羅花壇」など，個人富裕層を主たる対象としてきた一部の施設を除いて，多くが破綻の道をたどった。そのような環境において，金乃竹グループは，露天風呂付の客室を多数揃えるなどしてプライバシーに最大限配慮するといった形で，現代の富裕層の欲求に合わせたサービスを提供することにより成長を果たしたといえよう。

[ 写真9-35 ] 金乃竹 仙石原の客室「空」の露天風呂

[写真9-36] 金乃竹 塔ノ澤のエントランス

[写真9-37] 金乃竹 塔ノ澤のロビー

[写真9-38]
金乃竹 塔ノ澤の客室「空」タイプ

[写真9-39]
金乃竹 塔ノ澤のテラスと露天風呂

[写真9-40] 松坂屋本店のエントランス

[写真9-41] 松坂屋本店のロビー

[写真9-42]
松坂屋本店の客室・春風荘の常盤

[写真9-43] 松坂屋本店の貸切露天風呂

## (3) 天空の森

　本章の最後に，鹿児島県霧島市にある「天空の森」を紹介しておきたい。第5章でも軽く触れたが，東京ドーム13個分の広大な敷地に，宿泊用ヴィラが3棟，日帰り用ヴィラが2棟のみという施設である。実は，秘密のヴィラがもう1棟ある。ただし，ここは常に「進化を続けて」（同社社長の言葉）いるため，構成の変化が絶えない。

　宿泊の場合，もっとも安い部屋でも1泊40万円程度はかかる。現在，専用ヘリポート付き施設をローンチする準備を進めており，こちらは100万円とも200万円ともいわれている。

　敷地の広さと価格ばかりに注目が集まるが，ここの本質はそうではない。そもそも，サービス提供のプロセス自体が，通常のホテルにおける常識から外れている。

　まず，いわゆる「フロント」がない。チェックイン手続きはリゾート内のどこででも可能である。「頂上」と呼ばれる敷地内の最高所で，素晴らしい景色を眼前にチェックインもできる。

　ヴィラは常識外れの広さであり，柱も家具も，果ては照明器具まで木でできている。そして，これも単なる木ではなく，すべて敷地内で伐採されたものなのである。

また，すべてのヴィラに，一切の目隠しのない露天風呂が付いている。しかし，隣のヴィラも相当離れているのでプライバシーは完全に保たれている。敷地の広さも，実はこの「他人の気配を一切感じず，自然と直接触れ合う」ためなのである。このおかげで，この土地を，風を，空を直接肌で感じることができる。すなわち，ここでは「裸が正装」ということになる。

　さらに，食事にも驚きが待っている。メニューが木の葉に書かれているが，この木の葉は敷地内で採れたものである。そして，野菜類のほとんども，敷地内での栽培である。さらに，この地は鶏料理が名物であるが，提供される鶏

[ 写真9-44 ] 天空の森：エントランス

[ 写真9-45 ] 天空の森：頂上　　　　[ 写真9-46 ] 過去に存在した秘密のヴィラ

は，自家養鶏場で育てられている。つまり，ここに来て接するものは，ほとんどが「究極の地元」産ということになる。

さすがにここまで徹底的に，建材から家具，消耗品，食材など，ありとあらゆる「地元」という観光資源を提供している施設はなかなかない。しかし，敷地や客室が異次元の広さとはいえ，これだけの高価格での提供を実現しているという点で，ここは日本の宿泊施設に眠っている可能性を示唆してもいる。

ただ，天空の森は，必ずしも「高級施設」を作ろうとしたわけではなく，「究極的に霧島と触れ合う」施設を目指したら，結果的に「たまたま」値段が高く

[ 写真9-47 ] ヴィラの露天風呂

[ 写真9-48 ] もっとも広いヴィラ「天空」

[ 写真9-49 ] ヴィラ「天空」内部

撮影：山浦ひなの

[写真9-50] 食事のメニュー

[写真9-51] 敷地内の野菜で構成されるサラダ

なってしまっただけなのである。こうした，地域性をとことん追求した施設を，天空の森の社長はしばしば「観光の本質」といった表現で語っている。一方で，自身の施設は「ラグジュアリーではない」と言い切ってもいる。

この「本質」という表現を借りると，地域社会や地域の伝統といった「土地の文脈」に対しても意識を向けているという点において，結果として究極的なラグジュアリーとなっているようにも感じられる。

▶ 参考文献

木村吾郎（1994），『日本のホテル産業史』近代文藝社．
越川健一郎（2020），『わたしのナゴヤキャッスル物語』風媒社．
城山観光編（2024），『SHIROYAMA HOTEL kagoshima ホテル開業60周年記念誌2023』城山観光．
富田昭次（2006），『ホテルの社会史』青弓社
西鉄ホテルズ50周年記念誌製作委員会（2020），『NISHITETSU GRAND HOTEL 50th Anniversary Legacy』西鉄ホテルズ．
ホテルオークラ東京（2012），『ホテルオークラ東京50周年記念誌　おもてなしに時をのせて』ホテルオークラ東京．

（徳江　順一郎）

# 第 10 章
# ラグジュアリー・ホスピタリティ実現のための理論的検討

湯河原の懐石旅庵・阿しか里

　最終章では，ここまで論じてきたことを踏まえて，ラグジュアリー・ホスピタリティを取り巻くお客様と企業側とを総合的に眺めていく。前提としては，マーケティング論における先行研究が基盤となるが，高価格帯消費に関する先行研究も援用しつつ，考察を進めていきたい。

# *1* はじめに

　ホスピタリティ産業に限らず，日本企業は高価格帯の市場で存在感を示せているとはいえない（第5章参照）。その理由を遠藤（2007）は，これまでの日本企業が強みを発揮してきたのが，価格帯でいえば「中」あるいは「中の上」であったのに対して，高価格帯の市場はこことはまったく次元の異なる，別物のビジネスであることが原因と主張する。つまり，ラグジュアリーを志向するのに必要なのは「思想」であり，それを浸透させることこそが「戦略」でもあるということになる。

　同時に，日本発の高価格帯商品やサービスが育たない理由として，以下の4点を挙げている。

①舶来信仰
②「御用達」制度の廃止…宮内庁は公式には御用達を認めていない。
　　→かつて御用達だった業者（約240）は黙認されているが，「上」とはほど遠い商品しか提供できない業者もいる。
③大量生産・大量販売という産業政策
④デザイン性より機能性重視の思想…作り手の「欲望の質」が低いという供給サイドの問題
　　→過去の同質競争の発想と枠組みから，競争相手の追随や，市場に迎合して無個性の商品を作ることに慣れている。

　これに関連して，奥山（2007）は，「『日本人は高級な生活を知らないから高級車が作れない』と言う人がいるが，高級な生活を知らなくても，自分というものをきちんと持っていて，判断基準がしっかりしている人なら，想像力の助けによって高級なものをイメージすることができる。一番大きな問題は，生活レベルではなく，判断基準の元になるべき自分がないこと」であると述べている。確かに，一流の料理人が皆，裕福な出自を持っているわけではなく，むしろ，「ブレない自分」を持つことこそが重要というのは頷ける面もある。

とはいうものの，第9章でみたように，地方都市においても高付加価値観光を支えうる高価格帯におけるサービスを提供する企業・施設が存在するのもまた現実である。確かに，世界的にみれば極東の島国における，一都市の事例に過ぎないのかもしれないが，一方で，香港の一ホテルだったペニンシュラが，いまや世界に10軒以上展開するまでになっている。そういった可能性を秘めている企業が，わが国にも間違いなく存在しているのである。

　これからも日本では，さらなる高付加価値観光の実現が求められることになろう。そこで，本書の締めくくりとして，高価格帯におけるホスピタリティ実現のための理論的背景をまとめておく。

# *2* 高価格帯消費の特徴

## (1) 消費財の分類

　第5章で触れた，マーケティング論における消費財の分類である「最寄品」，「買回品」，「専門品」の分類について詳述する。

　最寄品とは，日常的にかつ習慣的に購入する商品であり，計画的な購入や，購入に際しての比較や努力がほとんどなされないものをいう。広範囲な流通やマス広告が効果的とされる。具体的な商品カテゴリーとしては，歯磨きや洗剤，清涼飲料水などが該当する。

　買回品とは，購買に際して，性能や価格など，さまざまな比較をするような努力がなされるものをいう。販路はやや少なめの選択的流通となり，広告のみならず，人的販売も効果的である。家電製品や家具，衣料品などが該当する。

　専門品とは，非常に強いブランドロイヤルティがあり，それを購入するためには特別な努力も惜しまないものをいう。流通もかなり絞り込んだ限定的流通となり，慎重にターゲットを絞ったプロモーションがなされる。高級時計，高級自動車などが該当する。

　他に非探索品というものもあるが，本書で扱う対象に該当するものはないので割愛する。

このうち，最寄品は価格が競争の軸となるし，買回品も同様の傾向にある。しかし，専門品に関しては，価格が安くなったからといって反応が生じるということは，投機的な購買を除いてほとんどない。その意味では，ラグジュアリー商品の多くは専門品であるといえるが，プレミアムなカテゴリーも含めると，最寄品や買回品も含まれることになる。

　これをホスピタリティの消費に当てはめると，「いつかはあのホテルに泊まりたい」といった対象になるのが専門品であるが，一般的な選択では買回品のように比較して予約されるということになる。その結果がOTAの隆盛であり，複数の施設を同時に比較できるという強みが存分に活かされているといえるだろう。

## （2）お客様の内的要因

　なぜ，このように商品のカテゴリーが分かれるのかというと，「態度」という概念の理解が重要となる。そして，態度形成と密接に関わるのが，これも第5章で触れた「関与」そして「知識」または「能力」ということになる。

　消費者行動論の研究が進展するとともに解明されてきたのが態度概念であり，ブランドや企業活動などに対して，お客様が一貫して持っている好意的あるいは非好意的な判断的評価のことである。そして，これはその商品やサービスのカテゴリーに対するこだわりの強さ，すなわち関与や，どの程度その商品やサービスのカテゴリーのことを知っているかという知識あるいは能力によって影響を受ける。そのため，購買意思決定プロセスはいくつかのパターンに分けられることになる。

　髙橋・高嶋（2024）によれば，消費者は「購買意思決定」という「問題」に対して，①包括的問題解決行動（広範囲問題解決行動あるいは拡張的問題解決行動ともいう），②限定的問題解決行動，③定型的反応行動のいずれかにより購買意思決定に至るという。この違いは，情報探索範囲の広さであり，収集する情報の種類とほぼイコールである。

　購買に際して他の候補との比較をする際には，どのような属性に基づいて評価すべきかを把握したうえで，評価対象それぞれの属性値や，自身にとって重

**［図表10-1］アサエルによる購買意思決定の4類型**

| | | 購買意思決定における関与水準 | |
|---|---|---|---|
| | | 高 | 低 |
| 意思決定プロセスの複雑性／知識 | 意思決定／大 | 複雑な意思決定<br>（①包括的問題解決行動）<br>知識獲得→態度形成→意思決定 | 限定的な意思決定<br>（②限定的問題解決行動）<br>：バラエティ・シーキングが<br>　生じる<br>知識獲得→意思決定→<br>（利用後に）態度形成 |
| | 習慣／小 | 過去の経験に基づく<br>ブランドロイヤルティ<br>（②限定的問題解決行動）<br>：認知的不協和解消が重要<br>意思決定→（利用後に）知識獲得→<br>態度形成 | 慣性的<br>（③定型的反応行動）<br>知識→意思決定 |

出典：Assael (1993), pp.253-256。

要な属性値を理解していることが前提となる。一生に一度の新婚旅行や，たまにしか行けない家族旅行の宿泊先を選ぶ際には，さまざまな情報源を駆使して客室の広さや眺望などを幅広く情報収集し，予約をするだろう。これが①包括的問題解決行動である。特に，高価格帯の施設を検討する場合には，そのような行動をとることが多いと推測される。

ところが，購買動機が弱かったり選択の重要性が低いと判断したりした場合，あるいは既に十分な知識を持っている場合，さらにはなにがしかの理由で情報収集に制約が生じる場合などは，情報探索は限定的となる。これが②限定的問題解決行動ということになる。忙しくて時間が取れない富裕層の宿泊は，むしろこちらに該当する可能性が高い。

さらに，急な出張で宿泊先を決めなければならない場合などは，例えば価格がかなり通常よりかけ離れてさえいなければ，いつものホテルあるいはブランドの施設が，その他の情報収集は特にせずにすぐに予約することが推測される。これが③定型的反応行動ということになる。

# *3* ラグジュアリーにおける4P

## （1）Products：製品

　ホスピタリティ産業における「製品」に該当するのは，施設や設備といったハード面と，提供されるサービスといったソフト面に大別される。ラグジュアリー・ホスピタリティにおいては，いずれも通常のレベルとは大きく異なるクオリティが求められることになる。

　ブランド価値構造に従えば，消費者は，製品やサービスの「基本価値」，すなわち，自身が問題解決をしたいと考える内容について，最低限満たしてくれることが前提となる。そのうえで，使いやすく利用しやすいといった「便宜価値」が加わり，さらに，イメージなど五感に訴求する「感覚価値」と，当該ブランドとの経験や接点が蓄積されることを通じて，ストーリーや伝統，哲学などとの共感による「観念価値」へと昇華されることになる。このうち，感覚価値と観念価値は他社に模倣されにくいため，競争優位の源泉となる。

　ラグジュアリー・ホスピタリティにおいては，基本価値や便宜価値のような，いわば「機能的価値」が十分に満たされていることは当然である。というよりもむしろ，他では得られないような，絶対的かつ圧倒的な価値が，この点にお

**[ 図表10-2 ] ブランド価値構造**

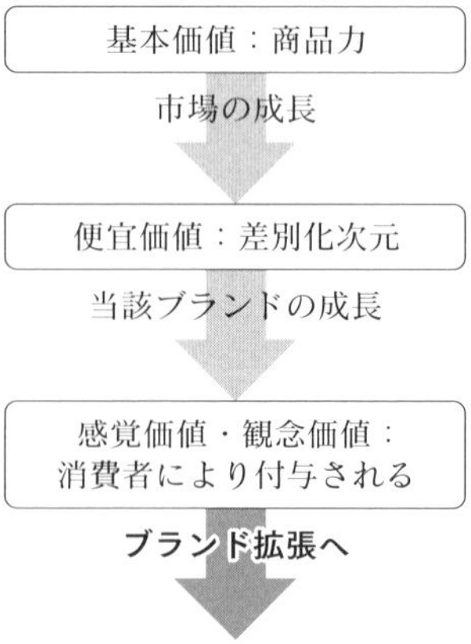

```
┌─────────────────────────┐
│     基本価値：商品力      │
└─────────────────────────┘
         市場の成長
            ▼
┌─────────────────────────┐
│    便宜価値：差別化次元    │
└─────────────────────────┘
        当該ブランドの成長
            ▼
┌─────────────────────────┐
│    感覚価値・観念価値：     │
│   消費者により付与される    │
└─────────────────────────┘
        ブランド拡張へ
            ▼
```

出典：和田（2002）をもとに著者作成。

いても生じていなければならないということになる。「ほどよい平均的なサービス」がリーズナブルに提供される環境に対しては，個性的で独自性の高い，いわば「尖った」面が感じられない。こうした尖った部分は，場合によっては独善的な側面とさえとらえられるような，提供側の信念が前提となる。そして，それが感覚価値や観念価値の醸成にもつながっていくことになる。

とはいえ，絶対的かつ圧倒的な価値を内包したサービスは，一朝一夕にできるものではない。提供側の強い意思と，長年の努力や研鑽が必要である。そして，付随してさまざまな物語が生じることが多い。物語の中には成功もあれば失敗もあるが，そこにお客様が共感や一体感を抱くことになる。

さらに，サービスそのものだけではなく，お客様とのありとあらゆるコンタクト・ポイントにおいて，一貫性と完璧性がなければならない。内装や家具はもちろん，従業員の制服や食器，そして領収書を入れる封筒類やゴミ箱に至るまで，徹底的にこだわる必要がある。どこか1か所でも隙があっては，すべてが崩れてしまうことになる。

いずれにせよ，平均的なサービスではもちろんのこと，「いいサービスを提供している」，というだけでもラグジュアリーとしては足りない。物語性などの「情緒的価値」をいかに生じさせ，それが各所で語られるようにできるかがラグジュアリー・ホスピタリティのポイントである。そのためにも，現場への権限移譲などを通じて，独自性の高い尖ったサービスの提供が可能な環境づくりが重要になってくる。

しかし，圧倒的な価値を生じさせるためには，当然ながらコストもかかる。その意味では，提供側のこだわりと，それを経営的に成り立つレベルで抑えるというバランスの問題になるといえよう。いわば，自己矛盾の克服に向けた挑戦ということになるのかもしれない。

ただし，モノの場合には，製品ラインを構築するに際して，少し背伸びすれば一般の人でも応えられるような，エントリー・レベルが用意されていることがある。例えば，機械式高級腕時計のメーカーなどが採用している。自身の成長や発展にともない，より上位の製品やブランドに移行していけるようにしているわけである。この点，ホテルにおいても，メガ・ホテル・チェーンがラグジュアリーで成長しているのには，同様な理由がある。

## （2）Price：価格

　一般的なマーケティングにおいて語られる4Pでは，価格は4要素の1つにすぎないが，遠藤（2007）によれば，高価格帯市場では価格こそが最も重要な概念であるという。つまり，「いくらで売りたいか」という作り手の論理によって決めるべきものとなる。

　確かに，第5章で説明した「フラッグシップ」は，象徴やアートというべき存在と一般的な商品の接点に位置する「極上」であるため，価格設定においてもアートのような存在を意識する必要が生じることになる。そしてそれが，傘下のブランド全体の価値にも波及し，通常のビジネスとは桁違いの収益性を企業にもたらすことにもなる。

　これは，メガ・ホテル・チェーンにおいても同様の効果をもたらしている。ブルガリやリッツカールトンといったフラッグシップが持つイメージは，マリオット全体に大きな影響を及ぼしているといえるだろう。ヒルトンがダブルツリーbyヒルトンというブランドを採用しているのも，同じ理由である。また，1施設内で考えても，きわめて高価格のスイートルームが存在することで，施設全体のイメージを高めるという効果もある。

　通常の価格決定においては，①コスト志向，②競争志向，③需要志向のいずれかが選定され，新規開業の場合には，高価格で利益獲得を目指す（a）初期高価格政策／上澄み吸収価格政策（Skimming Pricing）か，短期間にシェアの獲得や知名度向上を目指す（b）浸透価格政策（Penetration Pricing），あるいは，買い手の知覚や他の商品ラインとのバランスを考慮した（c）中価格参入（Middle Pricing）が採用される。しかし，高価格帯ホテルでは，このような考え方ではないことになる。

　次に，お客様にとっての価格には，以下の3つの意味がある。

　まず，価格は商品価値のシンボルとなっている。特にサービスの場合に該当することが多いが，事前に品質や性質がわからない場合には，価格が品質のバロメーターとしての役割を果たすこともある。

　そして，価格はお客様の自我意識にも影響を及ぼしている。高価格の消費が自身にとってのご褒美になったりすることが，その実例である。そのため，

「ちょっとプレミアム」の採用余地が生じたり，複数のブランドにおける上方移行が生じたりすることにもつながる。

最後に，お客様は特定の商品やサービス，あるいはそのカテゴリーに関して，一定の受容可能な価格幅を持っている。これは「参照価格」といい，「内的参照価格」と「外的参照価格」とから成り立っている。内的参照価格とは，過去の購買経験によって形成され，記憶に蓄えられているものである。外的参照価格は，購買環境において観察された刺激によって影響されるものである。参照価格は明確に特定の金額から特定の金額までと線引きできるものではないため，その価格幅からの距離が遠すぎれば「対比」されてしまい高すぎると感じて購買しないが，ある程度近くであれば，参照価格の幅に「同化」して購買に至る可能性が生じる。これは，「同化・対比理論」によって説明できる。

ラグジュアリーにおいては，商品価値のシンボルであるという点，そして自我意識への影響という点からも，価格を下げるべきではないことは自明であろう。さらに，需要側の特性からみても，参照価格そのものがかなり高いうえ，同化する余地も大きいことが推測される。いずれにせよ，従前の価格戦略をそのまま当てはめることが難しいということが理解できよう。

## (3) Place：流通とPromotion：広告・販売促進

最後に，お客様への利用権の流通や，知ってもらうためのさまざまなコミュニケーションであるが，ここでも留意すべき点がある。つまり，誰でも簡単にコンタクトできるようでは，やはりラグジュアリーとはいえないのである。なかなか予約ができないとか，特定のお客様のみアクセスできるなど，お客様の飢餓感や枯渇感を醸成することで，いわば「エクスクルーシブ」感を高めることが重要になる。そのため，規模をいたずらに大きくはせず，販路や広告・宣伝も限定的にすべきである。こうして，顧客ではなく「ファン」を増やしていくことが求められる。

ただし，従前のように特定の国や地域内のみで，対象となる市場を切り分けることは適切ではない。国際化が進展した現代では，富裕層が"Richstan"（第4章参照）となるからである。そのため，ラグジュアリーが意識すべきは，な

にがしかの形での国際化ということになる。これを実現するために，ILTM（International Luxury Travel Market）への参加や，Forbes 5スター獲得など，海外での存在感をアピールしていくことも重要になる。

アマンリゾーツではかつて，新しい施設が開業する際には，その新施設の一部が写っている1枚の絵ハガキが，過去に利用した宿泊客に届くところからコンタクトが生じていたという。現在では電子メールがその役割を果たすようになったが，志向している方向性は今も同じである。


# *4* 高付加価値ホスピタリティにおける規模の問題

## （1）グランドホテルの存在意義

以上の検討を踏まえつつ，ラグジュアリー・ホスピタリティに関して最後に残った課題，すなわち，価格帯やそれにともない変化する，対象となる市場セグメントとの関係についてまとめたい。本来は，市場側の状況変化に応じてSTPを変化させたり4Pを再構築したりするべきであるが，ホスピタリティ施設が提供するサービスそのものはある程度変更が可能でも，それを内包する建物や施設，設備は，簡単には変更できないという点が前提となる。

第5章で検討したように，高価格帯のホスピタリティ施設としては，ラグジュアリー・ホテルはもちろんのこと，プレミアムのカテゴリーも該当している。ただし，第7章と第8章で検討したように，比較的歴史があり，規模もそれなりの大きさのあるグランドホテルも対応していることを確認しておきたい。

この市場を検討するに際して忘れてはならないのは，国賓や公賓の対応については，必ずしも，いわゆる「ラグジュアリー・ホテル」ができるとは限らないということである。こうした客層に対応しうる客室は，かなりの広さを必要とし，金額面でも相当高くならざるをえない。そのため，稼働率はそれほど高くはならず，ビジネスで考えると「おいしい」市場であるとはいえない。ラグジュアリー・ホテルは，こうした市場セグメントをいわば捨て，その分標的市場を狭めることで，利益が見込める層にフォーカスしているといえるだろう。

190

**［図表10-3］ラグジュアリー・ホスピタリティ市場の供給側（図表5-2再掲）**

| 高↑ 価格帯 ↓低 | ラグジュアリー | | プレミアム | | グランドホテル |
|---|---|---|---|---|---|
| | （アップスケール） | | | | |
| | （ミッドプライス） | | | | |
| | （エコノミー） | | | | |
| | （バジェット） | | | | |
| | 小規模← | ホテルの種類と一般的な規模感 | →大規模 | | |

出典：著者作成。

　この点から「グランドホテル」タイプのホテルが必要とされる根拠が見え隠れする。マーケティング的には，特定の市場セグメントに絞り込んで対応することが競争環境においては重要となる。しかし，国賓や公賓に対する接遇は，第5章で説明した「象徴」や「アート」に近いものと解釈できる。こうしたサービス提供体制は，実はビジネスとしては成り立ちにくい。そのため，標的とする市場セグメントは，ラグジュアリーやプレミアムより幅広いセグメントを対象とすることで，「アート」を維持する余力も確保しているといえるだろう。

## (2) 迎賓館の意味

　前項における賓客の対応とは，いわばホテルが内包する社会性と考えられる。政府が必要とする要素を分担することで，社会の要請に応えているからである。その根源を探るために，第7章と第8章で述べた，東京と大阪における「迎賓館」の役割を果たしたホテルの背景も検討したい。まずは，改めて「迎賓館」について確認しておく。

　迎賓館とは，外国の国賓を迎え入れた際，会食や宿泊等の接遇を行う施設であり，わが国では内閣府の施設等機関となっている。実際には，迎賓館赤坂離宮と京都御苑内の京都迎賓館が該当する。この運営に関しては「迎賓館運営大

綱について」という 1974（昭和49）年の閣議了解があり，これが基準となっている。そこでは，以下のように示されている。

「（前略）…国賓等のほか，衆議院議長，参議院議長又は最高裁判所長官に相当する地位にある外国の賓客で，衆議院，参議院又は最高裁判所が公式に接遇することを定めたものの宿泊その他の接遇を行うこととする。」

ここでいう「国賓等」については，「国賓及び公賓並びに公式実務訪問賓客の接遇について」という 1984（昭和59）年に閣議決定され，1989（平成元）年に一部改正されたものに詳述されている。

「外国の元首又はこれに準ずる者を招へいする場合には，これを国賓として接遇することができるものとし，国賓として接遇することについては，外務大臣が宮内庁長官と連絡の上，その請議により閣議において決定する。」
「外国の皇族又は行政府の長若しくはこれに準ずる者を招へいする場合には，これを公賓として接遇することができるものとし，公賓として接遇することについては，外務大臣が閣議了解を経て決定する。」
「外国の元首若しくはこれに準ずる者，皇族又は行政府の長若しくはこれに準ずる者が実務を主たる目的として訪日することを希望する場合には，これを公式実務訪問賓客として招へいできるものとし，公式実務訪問賓客として接遇することについては，外務大臣が閣議了解を経て決定する。」
（以下，略）

ここから，行政府以外の三権の長相当の賓客も閣議決定により宿泊させることができるということが理解できよう。なお，京都迎賓館については，「京都迎賓館の使用について」（内閣総理大臣決定：2005（平成17）年）において，以下にあるように，地方公共団体による外国元首・首相等の接遇にも使用が可能である。

「外国の元首，首相その他の者及びこれに準ずる賓客のため，地方公共団体等が催す招宴その他の接遇等で，関西圏の活性化・国際化に資する使用として京都迎賓館を使用することが適当であると内閣総理大臣が承認したもの。」

　さて，このような迎賓館は，歴史をたどると興味深い事実が浮かび上がってくる。

　1869（明治2）年に開館した明治政府の初代迎賓館が「延遼館」である。同年7月に来日した，英国第二皇子エジンバラ公の接遇のために開設されたという。「浜御殿」にあった旧幕府の海軍伝習屯所を補修したもので，石造りの壁以外は木造擬洋風，内部は日本風ながら絨毯敷きとなっていた。1892（明治25）年に撤去されている。

　明治政府の宿願は，不平等条約の改正であった。第1次伊藤博文内閣の外務大臣は井上馨であり，彼が中心となって，1883（明治16）年に外国人との社交場として，かの「鹿鳴館」が設置されるに至っている。ただ，宿泊施設は貧弱であった。

　そこで，井上馨は渋沢栄一，大倉喜八郎，益田孝ら，当時の財界の中心人物を口説き，ホテル建設計画を推進することになり，帝国ホテルが開業した。大阪の（リーガ）ロイヤルホテルの経緯も同様である。

　要は，一部のホテルは，この迎賓館の役割を分担してきた。つまり，政府が直接運営する迎賓館で果たしきれない役割を民間で分担して対応してきたということになる。その内容としては，国賓や公賓の宿泊はもちろん，それにともなう料飲サービスの提供，国際会議や晩餐会などの宴会対応などである。

## (3) 規模と価格帯

　迎賓館としての役割を果たすためには，宿泊，料飲，宴会それぞれにおける対応力に加えて，警備対応のしやすさなども問題となる。例えば専用動線の有無や，出入り口など，館内外の接点の数や位置といったことも重要である。

　そして当然，例えば客室1つとっても，通常の客室ではまったく対応は不可

能であり，賓客向けの特別な仕様が求められることになる。これを，本書で説明した各ホテルの比較を通じて考察してみよう。

　**図表10-4**は，東京における高価格帯ホテルの一部と，大阪のリーガロイヤルホテル大阪を，上から規模（客室数）の順番に並べたものである。グランドハイアット東京以下，近年開業したラグジュアリー・ホテルはいずれも客室数は少なめであり，多くても300〜400室程度までとなっている。その程度の規模に抑えることで，特定の市場セグメントに対して，きめ細かく応用的なサービスの提供が可能となるからである。

　他方，御三家とリーガロイヤルホテル大阪については，最近建て替えたジ・オークラ東京は500室強であるが，他はいずれも1,000〜1,500室を擁している。ジ・オークラ東京も含めて，相対的に規模は大きめということになる。なお，相対的に高価格でありながら1,000室を超える客室数を持つホテルは東京でも多くはなく，第9章でも検討した東京ドームホテルの他には，京王プラザホテル，品川・高輪周辺のプリンスホテルなどといった程度である。

[ 図表10-4 ] 本書で取り上げた主なホテルの客室情報

| | 客室数 | 実質客室<br>最低価格 | 最小<br>客室面積 | 客室<br>最高価格 | 最大<br>客室面積 |
|---|---|---|---|---|---|
| ホテルニューオータニ（東京） | 1,474室 | 約25,000円 | 23㎡ | 460,200円 | 115㎡ |
| | | | | 429,950円 | 150㎡ |
| リーガロイヤルホテル大阪 | 1,039室 | 約10,000円 | 17.2㎡ | 1,815,000円 | 693㎡ |
| 帝国ホテル東京 | 919室 | 約25,000円 | 28㎡ | 非公表 | 509㎡ |
| ジ・オークラ東京 | 508室 | 約50,000円 | 48㎡ | 3,630,000円 | 720㎡ |
| グランドハイアット東京 | 389室 | 約40,000円 | 42㎡ | 1,162,533円 | 260㎡ |
| ザ・ペニンシュラ東京 | 314室 | 約45,000円 | 54㎡ | 非公表 | 347㎡ |
| コンラッド東京 | 290室 | 約45,000円 | 48㎡ | 631,867円 | 226㎡ |
| パレスホテル東京 | 290室 | 約50,000円 | 45㎡ | 非公表 | 210㎡ |
| ザ・キャピトルホテル東急 | 251室 | 約50,000円 | 45㎡ | 2,277,000円 | 223㎡ |
| プリンスギャラリー※ | 250室 | 約45,000円 | 42㎡ | 1,340,900円 | 148㎡ |
| ザ・リッツカールトン東京 | 248室 | 約70,000円 | 52㎡ | 2,420,000円 | 307㎡ |

※プリンスギャラリー：ザ・プリンスギャラリー東京紀尾井町
出典：各社HPより著者作成（2022年11月頃のデータ）。

[ 図表10-5 ] 1990年頃のホテルニューオータニにおける客室ラインナップ

| | | 本館 | | タワー | |
|---|---|---|---|---|---|
| | | 1名 | 2名 | 1名 | 2名 |
| スタンダードタイプ | シングル | 23,500円 | | | |
| | ダブル | 26,500円<br>～<br>34,000円 | 30,500円<br>～<br>38,000円 | 25,500円<br>～<br>34,000円 | 29,500円<br>～<br>38,000円 |
| | ツイン | 34,000円 | 38,000円 | | |
| デラックスタイプ | ダブル・ツイン | 42,000円<br>～<br>50,000円 | 46,000円<br>～<br>54,000円 | 48,000円<br>～<br>74,000円 | 52,000円<br>～<br>78,000円 |
| 和室 | | 45,000円，55,000円 | | 45,000円，50,000円 | |
| スイートルーム | | 70,000円<br>～<br>500,000円 | | 85,000円<br>～<br>450,000円 | |

出典：同社パンフレットより。

　次に広さをみると，興味深い事実が明らかとなる。ラグジュアリー・ホテルは最小の客室でも40〜50㎡前後が確保されているが，最大の客室でも200〜300㎡前後である。帝国ホテル東京とホテルニューオータニ（東京），リーガロイヤルホテル大阪は，最小の客室は25㎡前後（リーガロイヤルホテル大阪は17㎡）であるが，最大の客室はホテルニューオータニ（東京）を除き500㎡から700㎡前後もある。

　つまり，ラグジュアリーは規模を絞り，特定の客室・価格帯に集中しているが，グランドホテル・タイプは，きわめて広い客室から比較的狭い客室まで，かなりの幅広さをもって，多様に取り揃えていることが理解できよう。この背景は，ホテルニューオータニの客室ラインナップにおける変化をたどることで，理解することが可能となる。

　まず，1990年頃のホテルニューオータニは，23,500円のシングルから500,000円のスイートまで，幅広い客室のラインナップを持っていた（**図表10-5**）。

　1998年頃になると，シングルがなくなってダブルに統合されたほかに，全体的に価格がやや上昇していることがわかる。デラックス・タイプの値上げ幅は

それほど大きくはないようであるが，本館の和室は，10,000円程度の値上げがなされているようである。

　ただ，何より目を惹くのは，現在はもう存在しない850,000円という価格のスイートルームが出現していることである。これは当時，他の御三家やリーガロイヤルホテル大阪の最高価格帯に近いものであった。すなわちグランドホテル・タイプになったといえるだろう。

　ところが，最近の客室ラインナップを確認すると，最も広い客室でも150㎡となり，必ずしも御三家やリーガロイヤルホテル大阪のような広さではなくなっている。また，第9章でも説明したが，ザ・メイン，ガーデンタワー，エグゼクティブハウス・禅の「3つのホテル」のうち，必ずしも，エグゼクティブハウス・禅がもっとも広い客室を擁しているわけではない。むしろ，多様な客室を多数保持しているザ・メインにプレジデンシャルスイート（HIROSHIGE）があり，こちらが最大の客室ということになる。

　これは，ザ・メインをグランドホテル・タイプのホテルに近い形で残しつつ，エグゼクティブハウス・禅で（スモール）ラグジュアリー・ホテルに近い対応を目指したといえるだろう。もちろん，極端に広い客室は存置しなかったわけであるが，従前のように1ホテルで2,000室といったような幅広いターゲティングをするのではなく，3ホテルで1,400室とし，しかもエグゼクティブハウス・

[ 図表10-6 ] 1998年頃のホテルニューオータニにおける客室ラインナップ

| | | 本館 | | タワー | |
|---|---|---|---|---|---|
| | | 1名 | 2名 | 1名 | 2名 |
| スタンダード タイプ | ダブル | 28,500円 36,000円 | 33,500円 41,000円 | 28,500円 〜 37,000円 | 33,500円 〜 42,000円 |
| | ツイン | 36,000円 39,000円 | 41,000円 44,000円 | | |
| デラックス タイプ | ダブル・ ツイン | 44,000円 〜 52,000円 | 49,000円 〜 57,000円 | 50,000円 〜 60,000円 | 55,000円 〜 65,000円 |
| 和室 | | 55,000円，74,000円 | | | |
| スイートルーム | | 110,000円 〜 850,000円 | | 70,000円 〜 500,000円 | |

出典：同社パンフレットより。

196

**[ 図表10-7 ] 2022年頃のホテルニューオータニにおける客室ラインナップ**

| | | | |
|---|---|---|---|
| ザ・メイン | クオリティセミダブル | 23㎡ | 約25,000円 |
| | クオリティダブル | 26㎡ | 約33,000円 |
| | 新江戸シングル／スタンダード／デラックス | 26, 36, 45㎡ | 約40,000円〜 |
| | スタンダードダブル／ツイン | 36㎡ | 約43,000円 |
| | デラックスダブル／ツイン | 45〜50㎡ | 約54,000円 |
| | ジャパニーズスイート | 52〜80㎡ | |
| | ジュニアスイート | 71〜87㎡ | 約120,000円 |
| | ガーデンスイート | 102〜115㎡ | |
| | プレジデンシャルスイート | 115㎡ | 約430,000円 |
| | プレジデンシャルスイート（HIROSHIGE） | 150㎡ | 約460,000円 |
| ガーデンタワー | スタンダードダブル／ツイン | 27.3㎡ | 約33,000円 |
| | デラックスツイン／ダブル／トリプル | 50.2〜61.1㎡ | 約50,000円 |
| | スイート／カウント・デュークスイート | 74.7〜88.4㎡ | |
| | キングスイート | 116.6㎡ | |
| エグゼクティブハウス・禅 | エグゼクティブ・デラックス | 45〜50㎡ | 約100,000円 |
| | エグゼクティブHINOKIデラックス | 54㎡ | |
| | エグゼクティブHINOKIスイート | 72㎡ | |
| | エグゼクティブ・ジュニアスイート | 67〜76㎡ | 約200,000円 |
| | エグゼクティブ・ガーデンスイート | 102㎡ | |
| | エグゼクティブ・ガーデンスイート夢窓庵 | 115㎡ | |

出典：同社HPより著者作成（2022年11月頃のデータ）。

禅は80室台とすることで，きめ細かいサービス提供も実現している点が興味深い。

　そうすることで，（スモール）ラグジュアリー・ホテルでありながら，全施設内にある従前のレストランや宴会場もお客様は活用できる。この点もポイントであるといえよう。

　こうしたホテルのスタイルを模式図にしてみると，**図表10-8**のようになる。

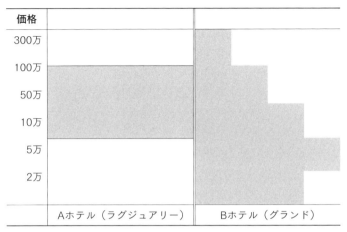

[図表10-8] ホテルにおける価格帯の模式図

出典：著者作成。

　すなわち，ラグジュアリー・ホテルやプレミアム・ホテルに該当する施設は，特定の市場セグメントにフォーカスして，最大限の利益を生み出せられるように計画されたものである。一方，グランドホテル的な施設は，相対的に幅広い市場セグメントを対象とすることで，きわめて高価格の客室も実現して賓客の対応も可能にし，社会性にも可能な限り応えている。つまり，稼働が高いとはいえない超高価格帯客室（これが「アート」になぞらえられる）を維持するためにも，その客室をフラッグシップとしつつ，ある程度の価格帯における幅広さで展開する相対的に低価格帯の客室にもその波及効果を生じさせて，全体としての利益を確保しているといえるだろう。

## 5　ラグジュアリー・ホスピタリティ実現のために

　1990年代前半頃までは，高級なシティホテルとリーズナブルなビジネスホテルに二分できていた。そして，シティホテルの一部には，最高価格帯の広大な客室が用意されるという状況であった。

これが1990年代以降，価格帯だけでみても５段階分類など細分化していった。その背景には，ホテル数そのものの増加やお客様側の変化もある。プロダクト・ライフサイクル説でいえば，成長期を過ぎて成熟期に入ったことで競争が激化し，お客様側も利用経験を蓄積することで多様化が進展したということである。そのため，市場をさらに細分化して，きめ細やかに対応する必要性が生じてきた。

　そして，特に海外のチェーンにおけるホテル数の激増も大きな影響を及ぼした。それまで大手と呼ばれていたチェーンが複数合同することで，数千軒を展開するメガ・ホテル・チェーンが出現したのである。こうしたチェーンは従前のチェーンに比べてかなり細かくブランドを分けているが，これは市場の細分化が進展し，価格帯では段階を増やす必要が生じ，その他の細分化変数も取り入れられるようになっていることの表れである。

　結果として，市場セグメントを狭めて最高価格帯の一部のみ切り取ったホテルが出現し，ラグジュアリー・ホテルと呼ばれるようになった。ただし，料飲サービスや宴会も限定的な対応となっているため，賓客の対応には限界があるということになる。

　ここで，社会的意義，社会的存在としてのホテルという視点からは，賓客を出迎える面などにおいて，ラグジュアリー・ホテルばかりでは限界があり，グランドホテルも必要とされるということになる。ただし，グランドホテルが培ってきたブランドイメージを，相対的に低価格な客室や，グループ内の施設など，さまざまに波及させることが重要である。可能であれば，運営受託事業など，多角化の視点を持つことも必要かもしれない。この点は，まだ各ホスピタリティ施設でも工夫の余地があるだろう。

　また，高価格帯を対象とするホスピタリティ施設全般にいえることであるが，高品質なサービスを維持するためにも，地域との関係を踏まえた地域の総意にも目を向けることが必要とされよう。第１章でも述べたように，高付加価値観光においては地球環境への配慮や訪問地の理解と尊重が重視されている。そのため，顧客のみならず，地域社会，地球環境，さらには将来の子々孫々に対しても，「関係性」を意識することが求められることになるだろう。

　ホスピタリティとは，不確実性の高い環境における関係性のマネジメントで

ある。目の前の多くのお客様との関係性のみならず，幅広い視点での関係性にも意識を持つことが重要である。わが国における高付加価値観光実現のためにも，関係者の皆様には「関係性」というキーワードを忘れず，日々の業務に携わってもらいたいと考える。

**➡ 参考文献**

Assael, H. (1993), *Marketing: Principles & Strategy*, 2nd Edition, Dryden Press.

Erickson, G. M. & J. K. Johansson (1985), "The Role of Price in Multi-Attribute Product Evaluations", *Journal of Consumer Research*, Vol.12.

Gijsbrechts, E. (1993), "Prices and Pricing Research in Consumer Marketing ─ Some Recent Developments", *International Journal of Research in Marketing*, Vol.10.

Helson, H. (1964), *Adaptation-Level Theory*, Harper & Row.

Kotler, P. & G. Armstrong (2000), *Principles of Marketing*, Prentice Hall. (和田充夫監訳 (2003)『マーケティング原理 第9版』ダイヤモンド社.)

Mayhew, G. E. & R. S. Winer (1992), "An Empirical Analysis of Internal and External Reference Prices Using Scanner Data", *Journal of Consumer Research*, Vol.19.

Sherif, M. & C. I. Hovland (1961), *Social Judgement*, Yale University Press.

上田隆穂 (1995a),「価格決定におけるマーケティング戦略」『学習院大学経済論集』Vol.31, No.4.

上田隆穂編 (1995b),『価格決定のマーケティング』有斐閣.

遠藤功 (2007),『プレミアム戦略』東洋経済新報社.

奥山清行 (2007),『伝統の逆襲─日本の技が世界ブランドになる日』祥伝社.

恩蔵直人 (2004),『マーケティング』日本経済新聞出版社.

小嶋外弘 (1969),「買い手の価格意識」田内幸一編『買い手行動の構造』日本生産性本部.

小嶋外弘 (1972),『新・消費者心理の研究』日本生産性本部.

小嶋外弘 (1986),『価格の心理─消費者は何を購入決定の"モノサシ"にするのか』ダイヤモンド社.

小宮路雅博編著 (2012),『サービス・マーケティング』創成社.

清水聰 (1994),「消費者と価格の心理」『経済研究』明治学院大学経済学会, No.100.

髙橋郁夫・髙嶋克義 (2024),『入門・消費者行動論』有斐閣.

武井寿・岡本慶一編著 (2006),『現代マーケティング論』実教出版.

田島義博・原田英生編著 (1997),『ゼミナール流通入門』日本経済新聞社.

田中洋 (2015),『消費者行動論』中央経済社.

中村博 (2001),『新製品のマーケティング』中央経済社.

水口健次 (1983),『マーケティング戦略の実際』日本経済新聞社.

和田充夫 (2002),『ブランド価値共創』同文舘出版.

(徳江 順一郎)

# あとがき

　わが国で，ラグジュアリーの研究をしよう，などというと，必ず「そんな贅沢な研究は…」とか「金持ちのためだけの研究なんて…」といった批判を耳にする。実際，著者たちも学会における発表の場などで，こういった質問を何度か投げかけられたことがある。

　しかし，視点を変えると，ラグジュアリー研究とは特定の市場セグメントの特性を解明し，それに対してのアプローチについて検討することが目的であるから，マーケティング論におけるSTPや4Pのフレームワークを踏まえて理論的に検討することが十分に可能な余地があった。それにもかかわらず，学術的な研究があまりなされてこなかったのは，こうした「ラグジュアリー・アレルギー」のようなものがあったからなのかもしれない。

　事実，本書の執筆陣は，必ずしも富裕層ではなく，むしろ学者や公務員という立場ゆえに，必ずしもゆとりある生活をしているとは限らない。しかし，研究としてラグジュアリーに向き合うことは，この国の将来を考えるうえで重要なことであるとの使命感から，学会での議論を重ねてきたし，研究を発表するために論文も執筆し，さらには大学の講義で関連する科目も設置して，さらなる研究の進展に寄与しようと努めてきた。こうしたプロセスの積み重ねで，やっと成果として本書の刊行に至ることができたのである。

　その背景としては，著者たちのような「一般人」に対しても，細やかにご対応いただいた各ホテル関係者の存在がある。京王プラザホテル札幌の池田純久氏，ほほえみの宿 滝の湯／ほほえみの空湯舟 つるやの山口敦史氏，山口裕司氏，別邸 仙寿庵の久保英弘氏，明神館の齊藤忠政氏，パレスホテルの渡部勝氏，末吉孝弘氏，柳原芙美氏，加藤佐紀子氏，東京ドームの鴉田隆司氏，東京ドームホテルの郡司光輝氏，ニュー・オータニの清水肇氏，髙山剛和氏，佐藤智子氏，大谷春香氏，シンクロス・リゾートの内田拓氏，金乃竹グループの八幡正昭氏，エスパシオエンタープライズの本中野真氏，城山ホテル鹿児島の東清三郎氏，矢野隆一氏，天空の森の田島健夫氏，田島悦子氏，アリィの塩田明久氏，他にも，紙幅の関係上，お名前を挙げられず心苦しい限りであるが，多

201

くの皆様方のご協力があって原稿の執筆にこぎつけることができた。深くお礼申し上げたい。

　また，実は，本書は同文舘出版の青柳裕之氏と大関温子氏のご尽力と忍耐の賜物でもある。企画そのものは3年以上前から話が出はじめ，コロナ禍もあり，なかなか着手できない状況が続いた。2024年に入ってから本格的にスタートしたが，当初約束していた期日より大幅に遅れての入稿となってしまった。これも，コロナ禍を抜けたとたん，観光関連のさまざまな動きが一気に再開し，著者たちもその波に思いきり翻弄されたがためであった。人手不足があちこちから聞こえてくるが，観光を取り巻く環境は，本当に大きな変化を余儀なくされたと考える。

　その間も辛抱強くお待ちいただきながら，時に叱咤激励を賜ったことにより，なんとかここまでたどり着けた。ご迷惑をおかけしたことにお詫びの気持ちを抱きつつも，ずっと応援し，見守っていてくださったことに，この場を借りて深く感謝申し上げ，結びの言葉としたい。

2024年7月
著者一同

# 索　引

## 英数

| | |
|---|---|
| ILTM | 190 |
| OTA | 4 |
| Richstan | 68, 189 |

## あ

アップスケール …………………………… 2

一般宴会 ……………………………… 100
イノベーション ………………… 59, 64
インバウンド（観光）…… 7, 55, 95, 126, 154

上澄み吸収価格政策 ………………… 188
運営受委託 …………………………… 112
運営受託 …………………… 129, 199

オールド・リッチ ………………… 67

## か

外資系ファンド ………………… 150
買回品 ………………… 76, 183, 184
格 ………………… 20, 84, 113, 146
感覚価値 …………………………… 186
観光立国 …………………………… 5
観念価値 …………………………… 186

関与 …………………………… 184

機能的価値 …………………… 20, 186
基本価値 …………………………… 186

グランドホテル
…… 83, 88, 118, 119, 124, 150, 155, 190, 199
クルーズ ……………………………… 46
クルーズ・トレイン …………… 9, 26

限定的問題解決行動 ………………… 184

高関与品 …………………………… 84
購買関与 …………………………… 84
高付加価値観光 …… 6, 10, 55, 183, 149, 199
国際観光ホテル整備法 ………………… 89
御三家 … 8, 41, 94, 96, 113, 132, 147, 155, 194
個衆会合 …………………………… 100
御用達 …………………………… 182
コンセプトルーム ………………… 168

## さ

最低居住面積水準 ………………… 90
参照価格 …………………………… 189

シティホテル …………………… 112, 198
社会的不確実性 …………………… 48

203

| | |
|---|---|
| 住生活基本法 …………… 90 | 年中行事 ……………………… 80 |
| 準拠集団 ……………………… 7 | |
| 情緒的価値 …………… 20, 187 | **は** |
| 初期高価格政策 …………… 188 | |
| 新婚旅行 ………… 55, 71, 185 | 日帰り客 ……… 16, 22, 52, 70, 74, 77 |
| 浸透価格政策 ……………… 188 | 百貨店 …………… 10, 12, 43, 45, 66, 164 |
| | 賓客 …… 114, 121, 143, 168, 191, 194, 199 |
| ストック ……………………… 52 | |
| スモール・ラグジュアリー …… 41, 70, 171 | ファンド ……………………… 67 |
| | 付加価値 ………………… 11, 20 |
| 製品関与 ……………………… 84 | 不平等条約 …………… 115, 193 |
| 全国チェーン …………… 160, 162 | 富裕層 …… 6, 16, 52, 55, 74, 123, 132, 147, 185 |
| 専門品 ………… 76, 183, 184 | ブライダル …………… 11, 103 |
| | プライベート・ジェット ……… 26, 47, 68 |
| ソブリン・ウェルス・ファンド ……… 67 | ブラックシープ ……………… 69 |
| | フラッグシップ …………… 78, 166 |
| **た** | フランチャイズ ……………… 114 |
| | フル・サービス型 ……… 88, 103, 169 |
| 態度 ………………………… 184 | プレミアム ……… 3, 20, 31, 74, 77, 82 |
| 多角化 ……………………… 45 | フロー ……………………… 52 |
| 団体旅行 …………… 126, 175 | |
| | ヘッジファンド ……………… 65 |
| 中価格参入 ………………… 188 | 便宜価値 …………………… 186 |
| | ベンチャーキャピタル ……… 65 |
| 通過儀礼 …………………… 80 | |
| | 包括的問題解決行動 ……………… 184 |
| 定型的反応行動 …………… 184 | 法人会合 …………………… 100 |
| | ホテル・オン／イン・ホテル ……… 164 |
| 同化・対比理論 …………… 189 | |
| | **ま** |
| **な** | |
| | マネジメント・コントラクト ……… 112 |
| ニュー・リッチ ……………… 67 | |
| | メガ・ホテル・チェーン |

............................ 26, 78, 187, 199

最寄品 ............................ 76, 183, 184

**や**

誘導居住面積水準 ........................ 90

**ら**

ライフスタイル・ホテル .................. 149

ラグジュアリー・ホテル ..................... 3

ラテン語 ................................. 17

リミテッド・サービス型 ............. 88, 148

流動性 .................................. 65

料飲サービス ........ 11, 83, 88, 112, 133, 193

旅館業法 ................................ 89

旅館業法施行令 ......................... 90

露天風呂 .................. 47, 171, 175, 178

▶ 編著者

**德江 順一郎**（とくえ・じゅんいちろう）

　上智大学経済学部経営学科卒業，早稲田大学大学院商学研究科修了。大学院在学中に起業し，飲食店経営やブランディング・ビジネスを手がけつつ，長野経済短期大学，高崎経済大学，産業能率大学，桜美林大学などの非常勤講師を経て 2011 年に東洋大学に着任。

　専門はホスピタリティ・マネジメント論，サービス・マーケティング論。

　現在，東洋大学国際観光学部准教授。(一社) 宿泊施設関連協会，城山観光㈱（SHIROYAMA HOTEL kagoshima），㈱マルエイホテルズ（五井グランドホテル，ホテルシュランザ幕張ベイ／千葉中央）などの顧問・監査役，日本能率協会による「国際ホテルレストランショー」のファシリテーターなどを務める。

　編著書は，『ホテル経営概論』『ホスピタリティ・マネジメント』（同文舘出版），『アマンリゾーツとバンヤンツリーのホスピタリティ・イノベーション』『ホスピタリティ・デザイン論』『ブライダル・ホスピタリティ・マネジメント』『宿泊産業論』『ホスピタリティ産業論』（創成社），『セレモニー・イベント学へのご招待』（晃洋書房），『サービス&ホスピタリティ・マネジメント』『ソーシャル・ホスピタリティ』『数字でとらえるホスピタリティ』（産業能率大学出版部）など。

▶ 著者 (五十音順)

**杉浦 康広** (すぎうら・やすひろ)

東洋大学大学院国際観光学研究科国際観光学専攻博士前期課程修了。

大学卒業後、㈱京王プラザホテル入社。主に宴会サービス、宴会予約、ブライダルなどの宴会部門を中心に従事。2003年より京王プラザホテル八王子のブライダルマネージャー、2009年京王プラザホテル新宿ウェディングチーフ、2013年同副支配人、2018年京王プラザホテル多摩料飲宴会副支配人。ウェディング・プランナー、宴会コーディネーターとして20年以上の勤務経験を持つ。

現在、目白大学短期大学部ビジネス社会学科専任講師。東洋大学国際観光学部非常勤講師。

**髙田 宏** (たかた・ひろし)

関西学院大学社会学部卒業後、㈱ロイヤルホテル入社。広報デザイン部長、マーケティング部長の後に執行役員。系列のリーガイヤルホテル東京、都市センターホテル、登大路ホテル奈良で総支配人、リーガロイヤルホテル大阪副総支配人。

2018年定年退職を機に、流通科学大学観光学部を経て、現在は大阪学院大学経営学部ホスピタリティ経営学科教授。「ホテルビジネス論」「ホテル総支配人論」「ホスピタリティ財務管理」「ゼミナール」などを担当。

**田上 衛** (たがみ・まもる)

産業能率大学情報マネジメント学部現代マネジメント学科卒業、産業能率大学大学院総合マネジメント研究科修士課程修了。専門はマーケティング論、コンテンツ・ビジネス論（アイドル）。

現在、公務員をしつつ、東洋大学現代社会総合研究所客員研究員。他に（一社）宿泊業技能試験センター「宿泊分野特定技能試験」評価委員、（一社）宿泊施設関連協会「地域に根差した健全な旅館業に向けて」協議会委員、（一社）日本能率協会「ネクストリーダーズ」地域ファシリテーターなども務める。

著書は、『おもてなしを考える－余暇学と観光学による多面的検討－』（余暇ツーリズム学会編、創文企画）、『宿泊産業論－ホテルと旅館の事業展開－』（徳江順一郎編著、創成社）、『ホスピタリティ・マーケティング』（佐々木茂、徳江順一郎、羽田利久編著、創成社）など。

**山中 左衛子** (やまなか・さえこ)

津田塾大学学芸学部国際関係学科卒業、㈱帝国ホテル入社。営業、米国ホテルデュポン勤務、上高地、東京フロント支配人職、大阪開業準備室、大阪総支配人室企画、本社広報責任者を経て、2006年人材育成部長、2016年同社内統制部長。2011年～2016年、（一社）日本ホテル協会研修委員。

2018年より帝京大学経済学部観光経営学科教授（現任）。

著書は、『東京今昔物語』第3章（（公財）東京都不動産鑑定士協会編、実業之日本社）、『宿泊産業論－ホテルと旅館の事業展開－』第10章（徳江順一郎編著、創成社）など。

2024 年 9 月 30 日　　初版発行　　　　　　　略称：ラグジュアリー

## ラグジュアリー・ホスピタリティ
―これからの日本を変える高付加価値観光―

編著者　ⓒ　徳 江 順 一 郎

発行者　　　中 島 豊 彦

発行所　同 文 舘 出 版 株 式 会 社
東京都千代田区神田神保町 1-41　　〒 101-0051
営業（03）3294-1801　　編集（03）3294-1803
振替 00100-8-42935　https://www.dobunkan.co.jp

Printed in Japan 2024　　　　　　　　DTP：マーリンクレイン
印刷・製本：三美印刷
装丁：オセロ

ISBN978-4-495-39093-8

[JCOPY]〈出版者著作権管理機構 委託出版物〉
本書の無断複製は著作権法上での例外を除き禁じられています。複製され
る場合は，そのつど事前に，出版者著作権管理機構（電話 03-5244-5088，
FAX 03-5244-5089，e-mail: info@jcopy.or.jp）の許諾を得てください。